"Amai-vos e Instruí-vos!"

Carlos A. Baccelli
Inácio Ferreira

Revisão gramatical: Fausto De Vito

Equipe de Revisão: Antonio Abdalla Baracat Filho, Maria Cristina Botelho Marinho Baracat e Maria de Lourdes da S. Moitinho

Arte Final da Capa: Paulo Moran

Projeto Gráfico: Cristiane de Oliveira

Impressão e Acabamento: Editora Vitória - edvitoria@mednet.com.br

LIVRARIA ESPÍRITA EDIÇÕES "PEDRO E PAULO"
Avenida Elias Cruvinel, 1200 - Bairro Boa Vista
Telefax (0xx34) 3322-4873 - 38070-100 - Uberaba, MG
E-mail: leepp@terra.com.br - Site: www.leepp.com.br

2ª Edição - Do 11º ao 15º milheiro
Abril/2009

Impresso no Brasil

Printed in Brazil

LIVRARIA ESPÍRITA EDIÇÕES
"PEDRO E PAULO"

"Amai-vos e Instruí-vos!"

Carlos A. Baccelli
Inácio Ferreira

Ano 2009

FICHA CATALOGRÁFICA
(Preparada na Editora)

Ferreira, Inácio (Espírito).
Amai-vos e Instruí-vos / [pelo espírito] Inácio Ferreira ; [psicografado por] Carlos A. Baccelli, - Uberaba, MG : Livraria Espírita Edições "Pedro e Paulo", 2009.
296p. ; 14x21 cm.

ISBN 978-85-60628-17-9

1. Obras psicografadas. 2. Espiritismo
I. Baccelli, Carlos A. II. Título
CDD-133.93

"Amai-vos e Instruí-vos!"

No pórtico de mais este nosso despretensioso trabalho de natureza doutrinária, que ora lhe passamos às mãos, não poderíamos ter outras palavras senão aquelas de autoria do "Espírito de Verdade", inseridas por Allan Kardec nas luminescentes páginas de "O Evangelho Segundo o Espiritismo", em seu capítulo VI:

"Espíritas! amai-vos, este o primeiro ensinamento; instruí-vos, este o segundo. No Cristianismo encontram-se todas as verdades; são de origem humana os erros que nele se enraizaram. Eis que do além-túmulo, que julgáveis o nada, vozes vos conclamam: 'Irmãos! Nada perece. Jesus Cristo é o vencedor do mal, sede os vencedores da impiedade'."

Inácio Ferreira

Uberaba, 11 de novembro de 2008.(*)

(*) **Nota do autor espiritual**: Aproveitamos o ensejo para esclarecer aos distintos leitores que as datas de prefácio de todas as nossas obras de natureza mediúnica não correspondem à época em que foram transmitidas por nós, sendo que, não raro, foram escritas com a antecedência de meses ou mesmo alguns anos.

Leia, estude e divulgue as Obras da lavra do médium Chico Xavier

Índice

1

Para minha alegria e edificação espiritual, novamente Odilon Fernandes me concedia a honra de sua visita e presença no hospital sob a nossa responsabilidade – minha e de outros companheiros – que ali nos dedicávamos ao serviço do Senhor.

Compulsando o Novo Testamento, divagava em torno das anotações nos capítulos iniciais de "Atos dos Apóstolos", quando o companheiro, adentrando a sala que me servia de consultório, me saudou com o seu habitual sorriso.

— Como vai, doutor? Desculpe-me incomodá-lo...

— Ora, meu caro – respondi, erguendo-me para cumprimentá-lo –, não se preocupe: você sempre será bem- vindo! Vamos, acomode-se.

— Estudando um pouco? – perguntou, ao perceber o livro aberto sobre a minha mesa.

— Estava efetuando algumas – digamos – elocubrações.

— Posso participar?

— Mas é claro!

— Sobre o que refletia?

— Sobre o que considero como sendo os três principais *momentos mediúnicos* da história da Humanidade, sem desconsiderar outros de significativa importância.

— Quais seriam esses *momentos,* doutor?

— Aqueles nos quais, em minha opinião, houve uma maior mobilização do Plano Espiritual; creio até que já tivemos oportunidade de falar rapidamente no assunto...

— Não com a ênfase que o tema requer. Lembro-me de tê-lo abordado ligeiramente, inclusive com você fazendo breves apontamentos numa pequena caderneta.

— Para mim, o primeiro deles foi o que se encontra descrito aqui, no capítulo 2, de "Atos dos Apóstolos"...

— O dia de Pentecoste!

— Exatamente, Odilon. Impressionante a narrativa... Tem-se a impressão de que o Mundo Espiritual se "abriu", como se os Espíritos tivessem logrado descerrar larga porta de contato com os homens – o espesso véu que separa ambas as Dimensões fendeu-se!

— Leiamos o trecho, doutor – solicitou-me o companheiro.

— Capítulo 2, versículos de 1 a 13: "Ao cumprir-se o dia de Pentecoste, estavam todos reunidos no mesmo lugar; de repente, veio do céu um som como de um vento impetuoso e encheu toda a casa onde estavam assentados. E apareceram, distribuídas entre eles, línguas como de fogo e pousaram sobre cada um deles. Todos ficaram cheios do Espírito Santo..."

— Perdoe-me a interrupção: mediunidade generalizada! "Todos ficaram cheios do Espírito Santo..."

— Produção de fenômenos físicos e intelectuais – "...som, como de um vento impetuoso"; "e apareceram, distribuídas entre eles, línguas como de fogo..."

— Continue, doutor.

— "...e passaram a falar em outras línguas, segundo o Espírito lhes concedia que falassem".

— Psicofonia xenoglóssica!

— Mediunidade poliglota...

— No capítulo anterior, Lucas esclarece que a assembleia compunha-se "de umas cento e vinte pessoas": cento e vinte médiuns!

— A maior sessão mediúnica de todos os tempos!

— Sem dúvida. O berço do Espiritismo! Mas, por favor, prossiga.

— "Ora, estavam habitando em Jerusalém judeus, homens piedosos, de todas as nações debaixo do céu."

— O que parece mero detalhe descritivo é importante: "...homens piedosos..."! Havia em Jerusalém clima espiritual propício para que o fenômeno se concretizasse. O Mundo Superior carece de "algo" em que se apoiar, a fim de se manifestar entre as criaturas...

— Uma concentração de fé ensejando sintonia.

— Continue, doutor, com a leitura dos versículos seguintes.

— "Quando, pois, se fez ouvir aquela voz, afluiu a multidão, que se possuiu de perplexidade..." O retrato da Humanidade até hoje: sempre descrente e perplexa!

— Aquela...

— ...algazarra mediúnica atraiu a multidão! Cento e vinte médiuns possuídos!...

Efetuei ligeira pausa e retomei a narrativa.

— "...porquanto cada um os ouvia falar na sua própria língua."

— Admirável!

— Ah, como eu gostaria de ter presenciado isto! – exclamei. — Nem que fosse na condição de zombeteiro... Deve ter sido maravilhoso!

— Incomum...

— Exemplo único em toda a história da Humanidade! E, depois, alegam que mediunidade é invenção do Espiritismo – a Bíblia está repleta de sessões mediúnicas, as mais diversificadas!

— De fato, quem a ler com outros olhos que não os de fanatismo e do preconceito religioso tem a impressão de estar lendo um livro sobre Mediunidade – pontificou Odilon.

— "Estavam, pois, atônitos – prossegui – e se admiravam, dizendo: Vede! Não são, porventura, galileus todos esses que aí estão falando? E como os ouvimos falar, cada um em nossa própria língua materna, partos, medos e elamitas e os naturais da Mesopotâmia, Judeia, Capadócia, Ponto e Ásia; da Frígia e da Panfília, do Egito e das regiões da Líbia nas imediações de Cirene e romanos que aqui residem, tanto judeus como prosélitos, cretenses e arábios; como os ouvimos falar em nossas próprias línguas as grandezas de Deus? Todos, atônitos e perplexos, interpelavam uns aos outros: Que quer isto dizer? Outros, porém, zombando, diziam: Estão embriagados!"

Olhei para Odilon e não resisti ao comentário:

— Se cachaça fizesse alguém médium, eu beberia um alambique! Quanta ignorância, meu Deus, que, infelizmente, persiste nos dias atuais!...

— Doutor, todavia não generalizemos. Um pouco mais adiante, o Evangelista noticia (versículo 41) que, naquele dia, houve um acréscimo, entre os adeptos, "de quase três mil pessoas"!

— Imaginemos o tamanho da multidão que havia afluído, atraída pelo inusitado... Os fenômenos de interação entre os Dois Planos da Vida eram frequentes: eles permeiam toda a trajetória de Jesus sobre a Terra e se desdobram com os Apóstolos e discípulos ao longo, principalmente, dos três primeiros séculos! Depois, infelizmente, a luz foi se eclipsando, e irreparável trajetória se consumou.

— Doutor – observou o amigo –, quando da subida de Moisés ao Sinai, recebendo as tábuas da Lei...

— O Decálogo!

— ...a Humanidade, igualmente, vivenciou grande *momento mediúnico.* Concorda?

— Sim, mas, então, o diálogo se estabeleceu apenas entre o Profeta e o Espírito do Senhor; foi, sem dúvida, algo extraordinário, porém um tanto restrito – Moisés estava sozinho quando os Dez Mandamentos foram escritos sobre a pedra... O episódio é mais detalhadamente descrito em Êxodo, capítulo 34, versículos de 1 a 3: "Então disse o Senhor a Moisés: Lavra duas tábuas de pedra, como as primeiras; e eu escreverei nelas as mesmas palavras que estavam nas primeiras tábuas que quebraste. E prepara-te para amanhã, a fim de que subas pela manhã ao monte Sinai e ali te apresentes a mim no cume do monte. *Ninguém suba contigo; ninguém apareça em todo o monte; nem ainda ovelhas nem gado se apascentem defronte dele".* (grifei)

— Toda religião é de origem mediúnica – comentou Odilon, com propriedade. — Quem nega o fenômeno mediúnico no Espiritismo combate, sem que o perceba, as raízes de sua própria crença. Toda religião cogita de vida além da morte e procura colocar o homem em prévio contato com ela através, inclusive, do simples ato de orar. É um caminho que se pavimenta entre as Duas Esferas...

Silenciou por instantes e prosseguiu:

— Se você me permite, vejamos o caso do Zoroastrismo, na Pérsia, que é semelhante a tantos outros em sua gênese espiritual. Zoroastro, ou Zaratustra, era médium dotado de excepcionais faculdades. O "Avesta", ou Livro da Ciência e da Sabedoria, é mediúnico.

— Tanto quanto o "Corão" – aduzi –, sobre o qual já tivemos oportunidade de falar.

— Sim, como Zoroastro conversou com Ahura-Mazda, senhor da Luz e do Céu, que lhe colocou o "Avesta" nas mãos, Maomé, registrando as instruções do Anjo Gabriel, concebeu o Livro sagrado dos muçulmanos.

— O mesmo poderíamos dizer dos "Vedas", entre os hindus, dos quais derivam "Os Upanishads", que, basicamente, cogitam das questões que sempre fervilharam na cabeça dos teólogos de todas as culturas religiosas: "Donde viemos, onde vivemos, para onde vamos?". A primeira lição que ressalta dos "Upanishads" é a insuficiência do intelecto para penetrar nos mistérios da Criação Divina.

2

— O mundo está repleto de Espiritismo, desde os primórdios da civilização – asseverei.

— Com mais propriedade, diríamos, doutor – aparteou Odilon –, que a cultura religiosa da Humanidade está permeada pela Mediunidade, ou seja, pelo intercâmbio natural entre os *vivos* e os *mortos*. A Mediunidade, em todas as épocas, sempre desempenhou significativo papel social na História, direcionando o homem para Deus.

— Revitalizando a fé!

— Exatamente. Para que não me alongue em minha exposição...

— Ora, Odilon, a fonte, quanto mais se estende em seu curso, mais dessedenta. Não se preocupe; não economize palavras.

— Citarei o exemplo da participação efetiva do Mundo Espiritual nas decisões humanas, recorrendo ao livro de Samuel, no Antigo Testamento, quando o Senhor o envia à casa de Jessé, na preparação do Advento do Messias. No capítulo 16, versículo 1, nos deparamos com as palavras: "Disse o Senhor a Samuel..."

— Os Profetas eram, todos eles, médiuns e respeitados por uma autoridade que transcendia o poder dos reis.

— "... Até quando terás pena de Saul, havendo-o eu rejeitado, para que não reine sobre Israel? Enche um chifre de azeite e vem; enviar-te-ei a Jessé, o belemita; porque dentre os seus filhos me provi de um rei."

— O Evangelista Mateus – recordei – começa as suas narrativas discorrendo sobre "a genealogia de Jesus Cristo". Foram 42 gerações – de Abraão até Davi; de Davi até o desterro para a Babilônia e da Babilônia ao Cristo! Vejamos como a Vinda do Senhor se preparou, nos Dois Planos da Vida, com a antecedência de muitos séculos...

— Nos versículos 11 e 12 do referido capítulo 16 está escrito: "Perguntou Samuel a Jessé: Acabaram-se os teus filhos? Ele respondeu: Ainda falta o mais moço, que está apascentando as ovelhas. Disse, pois, Samuel a Jessé: Manda chamá-lo, pois não nos assentaremos à mesa sem que ele venha. Então mandou chamá-lo e fê-lo entrar. Era ele ruivo, de belos olhos e boa aparência. Disse o Senhor: Levanta-te e unge-o, pois este é ele."

— Esse "disse o Senhor" nos permite pressupor que Samuel era médium auditivo, pois não?

— Dentre outras faculdades de que era portador – concordou o Instrutor.

— "Jessé gerou ao rei Davi, e o rei Davi a Salomão..."

— Culminando com a geração de José, "marido de Maria, da qual nasceu Jesus, que se chama o Cristo."

— A genética humana sendo trabalhada, a fim de que o Senhor contasse com um corpo adequado ao seu espírito!

— Doutor, evitando polêmicas estéreis, o que convém ressaltar é o ascendente espiritual do fato sem precedentes. Pela beleza da narrativa, permita-me recordar o que escreveu Emmanuel, através de Chico Xavier, no capítulo XII, do livro "A Caminho da Luz": "Debalde os escritores materialistas de todos os tempos vulgarizaram o grande acontecimento, *ironizando os altos fenômenos mediúnicos que o precederam.* (grifei) As figuras de Simeão, Ana, Isabel, João Batista, José, bem como a personalidade sublimada de Maria, têm sido muitas vezes objeto de observações injustas e maliciosas; mas a realidade é que somente com o concurso daqueles mensageiros da Boa Nova, portadores da contribuição de fervor, crença e vida, poderia Jesus lançar na Terra os fundamentos da verdade inabalável".

— O povo judeu estava, então, predestinado ao Cristo? – perguntei.

— O que podemos saber, doutor?!

— Que havia uma programação preestabelecida, tudo indica que sim. Vejamos Moisés, através da mediunidade, libertando o povo do cativeiro em que se mantinha no Egito...

— Os grandes líderes da Humanidade sempre foram figuras de natureza mística.

— Neste aspecto, nem Einstein, um dos cérebros mais privilegiados de todos os tempos, foge ao padrão. O gênio da Física era profundamente carismático, excêntrico, despreocupado de si, quase, por assim dizer, um apóstolo!

— A figura do imperador romano era divinizada... Júlio César, quando acometido por periódicas crises epileptóides, que o maltratavam, era considerado um deus em estado de transe, com os seus delírios interpretados por revelações. No Egito e na Grécia, pontificavam os faraós e as pitonisas, que, aos poucos, foram sendo substituídos pela casta dos sacerdotes, que se lhes opunham ao poder político e religioso concentrado em suas mãos.

— A missão de Sócrates lhe foi revelada por uma pitonisa, por cuja boca, cria-se, o deus Apolo se manifestava, no templo que se construíra em sua homenagem na cidade de Delfos.

— Bem lembrado, doutor! Está aí: Sócrates, o pai da Filosofia, era médium!...

— Ele escutava o seu "daimon", e, em "O Evangelho Segundo o Espiritismo", Kardec o aponta, junto a Platão, como precursor "da idéia cristã e do Espiritismo"... Nem a Filosofia escapou, no bom sentido, à gênese mediúnica. Temos dois Sócrates: o cidadão ateniense comum, possuidor de vastos conhecimentos, e o insuperável amante da Sabedoria, que revolucionou o pensamento humano, a partir do método da maiêutica – o diálogo socrático.

— Sócrates, que não era nenhum Fídias, não teria, talvez, passado de mero escultor no mármore bruto, caso o Mundo Espiritual não o conduzisse à presença de anônima pitonisa, em Delfos. Ao avistá-lo, do tripé de bronze em que se acomodava, ergueu a voz e, diante de todos, saudou-o como o mais sábio dos homens.

— Nascia ali um dos mais exímios escultores do espírito, o filósofo do "conhece-te a ti mesmo"!

— Outros exemplos, doutor – considerou Odilon –, do papel social da Mediunidade poderiam, evidentemente, ser citados.

— Por favor, aponte-os – solicitei.

— Francisco de Assis... Segundo Emmanuel, ainda em "A Caminho da Luz", "seu grande e luminoso espírito resplandeceu próximo de Roma, nas regiões da Úmbria desolada." Um de seus muitos biógrafos explica que "Francisco tinha surtos de febre, como recorrência da malária, que permaneceria em seu organismo e que o molestaria pelo resto da vida." Em um desses surtos, que o exauriam, "ouviu uma voz que lhe perguntava aonde desejava ir. Francisco descreve seus planos de batalha e de tornar-se cavaleiro e, em seguida, ouviu nova pergunta: "Quem pode fazer mais por ti: o senhor ou o servo?"

"O senhor", respondeu Francisco.

"Então por que abandonas o senhor e preferes o servo, o proprietário ao cliente?"

"Senhor, que queres que eu faça?"

— Pergunta semelhante à de Paulo de Tarso, às portas de Damasco, quando encetava uma das primeiras perseguições aos cristãos – comentei.

"Volta para casa e saberás o que fazer" – prosseguiu Odilon. Deves interpretar de outra maneira a visão que tiveste."

— O inesquecível *Poverello,* em sua simplicidade, imaginava que havia sido chamado à reconstrução das igrejas de São Damião e São Pedro e a capela de Santa Maria dos Anjos, tarefa que executou de 1206 a 1208, enquanto viajava regularmente para socorrer leprosos em Gubbio.

— Francisco de Assis, através das vias da mediunidade, era exortado à reconstrução espiritual da Igreja, que se deteriorava na Idade Média, enfrentando, inclusive, a hostilidade do Clero.

— Um outro exemplo, Odilon – pedi ao erudito Benfeitor.

— Um dos mais marcantes, doutor, do papel social que a Mediunidade vem cumprindo ao longo dos evos, sem, contudo, o reconhecimento dos homens, é o de

Joana d'Arc, que, cumprindo uma profecia comum de Domrémy, liderou a França na guerra contra a Inglaterra, pondo fim ao combate que se arrastava por um século.

— Joana d'Arc ouvia vozes, não é?

— Nos momentos de oração, a "Donzela de Orléans" mantinha longos diálogos com os assim ditos São Miguel, o arcanjo guerreiro, com Santa Catarina e Santa Margarida, principalmente.

— Era médium desde os 13 de idade...

— Levada à fogueira, por artimanhas da Inquisição, a sua última palavra foi: — "Jesus!"

— Um secretário do rei, ao vê-la arder resignada, segundo o pesquisador W. Durant, "antecipou o veredicto da História": "Estamos perdidos", gritou ele; "queimamos uma santa!"

— Em 1920...

— Quase 500 anos depois!

— ... "Bento XV incluiu a Donzela de Orléans entre os santos da Igreja"!

3

Após inevitável silêncio que entre nós se fez, recordando tantos mártires da Mediunidade, Odilon perguntou-me:

— Doutor, e o segundo grande *momento mediúnico?...*

— Você me perguntou o que já sabe, mas vamos lá. Para mim, semelhante ao fenômeno ocorrido no dia de Pentecoste, foi o das "mesas girantes" na Europa, antecedendo a Codificação.

— As "mesas girantes e dançantes", fenômeno que chegou a ser considerado "o maior acontecimento do século" por um padre...

— Padre Ventura de Raulica, então um dos mais ilustres representantes da teologia e da filosofia católicas!

— Novamente, a Mediunidade interferindo na História, traçando caminhos à Humanidade!

— O fenômeno se fez preceder pelos acontecimentos de Hydesville, no Condado de Wayne, próximo a New York, em 1848, na casa da família Fox.

— Eram três irmãs...

— Katherine, de 9 anos de idade, Margareth, de 12 anos, e Leah, a mais velha...

— De Hydesville, os fenômenos se estenderam por toda a Europa, o que Sir Arthur Conan Doyle, o criador de Sherlock Holmes e autor de "História do Espiritismo", denominou "invasão organizada"...

— Do dia de Pentecoste às "mesas girantes", Odilon, 1.800 anos! Meu Deus, como é lenta a evolução!... Decorreram 18 séculos, até que o Mundo Espiritual novamente escancarasse as suas portas à incredulidade humana!...

— Com certeza, os Espíritos Superiores tentavam evitar as duas grandes conflagrações mundiais, as guerras de 1914 a 1918 e de 1939 a 1945, em que o homem, infelizmente, se envolveu.

— Sobre as "mesas girantes", o inusitado causou tal impacto na sociedade, que Jules-Gabriel Jamin, famoso crítico e literato francês (1804 - 1874), escreveu: "Toda a Europa (que digo eu, a Europa?), neste momento, o mundo inteiro tem o espírito voltado para uma experiência que consiste em fazer girar uma mesa. Só se ouve falar, por toda parte, da mesa que gira; o próprio Galileu fez menos ruído no dia em que ele provou ser realmente a Terra que girava em torno do Sol"!

— Surge então em cena, doutor, a figura exponencial de Hippolyte-Léon-Denizard Rivail – o nosso Allan Kardec!

— Por falar em Allan Kardec, permita-me, Odilon, um aparte: há espíritas que descreem do comunicado de Zéfiro, ou simplesmente Z., a ele, quando do anúncio de seu breve regresso à Terra, após a desencarnação – contestam a superioridade de Zéfiro, insinuando, inclusive, que Kardec foi mistificado. Ora, o Codificador depositava tanta confiança em Zéfiro, que não hesitou em adotar, por pseudônimo, o nome (Allan Kardec) com que animara o corpo de um sacerdote druida, nas Gálias. Incoerência, desses tais, você não acha?

— De fato, Zéfiro era um dos integrantes da Falange do Espírito da Verdade... Kardec, o bom senso encarnado, não confiaria nele em vão.

— É o que não entendo: Zéfiro revelou uma vida anterior de Allan Kardec e todo o mundo acreditou; no entanto, questionam a previsão feita por ele e referendada por outros espíritos, de sua volta ao corpo, a fim de concluir a Obra iniciada!

— Doutor, retomemos o raciocínio referente ao singular episódio das "mesas girantes"...

— Desculpe-me, mas, de quando a quando, eu preciso mostrar que continuo sendo eu mesmo.

Odilon sorriu e emendou:

— Neste sentido, não posso lhe tirar a razão.

— Mormente falando sobre a identidade dos espíritos, não é? O *menu* é seu, mas o tempero é meu, correto? Estamos acertados?

— Doutor, não exceda na pimenta...

— Eu sei que quase todo espírita sofre de gastrite e é... enfezado.

— Eis o nosso valoroso e versátil Dr. Inácio Ferreira!

— Feito o meu "comercial", continue – solicitei.

— O senhor sabia que, em 4 de agosto de 1856, o Santo Ofício, condenou as "mesas girantes", sob alegação de coisa demoníaca, da qual apenas hereges se ocupavam?

— Depois, o piadista aqui sou eu, não é? Mas, como ser diferente, se vocês não me dão trégua? Os padres tentaram disciplinar as mesas... Atentado ao pudor, porque dançavam com as pernas à mostra? Poupe-me, Odilon. Não me diga uma coisa dessas...

— Kardec, bracejando nas águas revoltas do positivismo e do materialismo, compila a Nova Doutrina e, em 18 de abril de 1857, há um século e meio atrás, lança "O Livro dos Espíritos".

— Monumental!

— Como Newton, que enxergara uma lei – a da gravidade – na queda de uma maçã, Kardec, nas mesas que levitavam, vislumbrou o Espiritismo, sem suspeitar que, por seu intermédio, se cumpria a promessa de Jesus em relação ao Consolador.

— "Se me amais, guardai os meus mandamentos; e eu rogarei a meu Pai e ele vos enviará outro Consolador, *a fim de que fique eternamente convosco...*" (enfatizei o que, neste texto, se encontra em destaque). Eis, definido pelo próprio Mestre, o caráter dinâmico do Espiritismo! Lembraria ainda, Odilon, o que Chico Xavier nos disse, em mais de uma oportunidade: — "A Terra nunca ficou sem um guardião dos princípios cristãos", acrescentando ele que, de século em século, os Apóstolos e discípulos mais diretos do Senhor se revezavam, através da reencarnação, na defesa dos preceitos da Boa Nova, tanto no campo doutrinário quanto no de sua vivência.

— Avançados no tempo, doutor, os espíritas da nova geração não fazem ideia precisa da grande movimentação havida nos Planos Superiores próximos ao Orbe para que o projeto da Codificação não se frustrasse por artimanhas das Trevas. Kardec e os medianeiros que serviram aos propósitos superiores se fizeram preceder, à semelhança do Cristo...

— Por "espíritos-batedores", *ipsis litteris!* Consultando o dicionário, encontramos para o significado de "batedor": "Aquele ou aquilo que bate"; polícia incumbido da guarda pessoal de autoridades, etc., e que, em veículo automóvel, *precede, ladeia e segue* os autos oficiais". (grifei)

— No caso, permita-me citar, dentre outros: o célebre vidente sueco Emmanuel Swedenborg e Andrew Jackson Davis, cognominado o "Allan Kardec americano"... Davis, em uma de suas obras mediúnicas mais famosas, "Penetralia", grafou de próprio punho – pasmemos! – em nota de 31 de março de 1848: "Esta madrugada um sopro fresco passou pelo meu rosto e ouvi uma voz, suave e firme, dizer-me: "Irmão, foi dado início a um bom trabalho; contempla a demonstração viva que surge".

— Data coincidente com os fenômenos de Hydesville: 31 de março de 1848! Davis, na minha modesta opinião, era um dos espíritos corporificados, atento ao chamado da Espiritualidade Maior, caso Kardec, por um motivo ou outro, se sentisse impedido de cumprir a missão que lhe fora confiada.

— À semelhança de Chico Xavier, ainda na infância, desabrocharam-lhe a clarividência e a clariaudiência, acentuando-se-lhe, mais tarde, outros dons medianímicos, com destaque para a chamada escrita mecânica. Desencarnou em 13 de janeiro de 1910, com a idade de 84 anos!

— Ele largou o bastão, Chico o pegou... 1910, 2 de abril, é a data de nascimento do inesquecível medianeiro pedro-leopoldense, que viveu 43 anos em Uberaba!

— A preparação foi intensa, doutor, e, por assim dizer, verdadeira estrada pavimentou-se entre os Dois Planos da Vida. O senhor tem razão, ao apontar o advento do Espiritismo como o segundo maior *momento mediúnico* da História!

— Kardec, embora não se declarasse portador desta ou daquela faculdade mediúnica, ao meu ver, vivia "mediunizado", pois não é admissível que tenha realizado o que realizou em apenas 15 anos, de 1854, quando se entregou à pesquisa do fenômeno com as "mesas girantes", a 1869, ano de sua desencarnação.

— Dando-lhe, porém, respaldo no Plano Físico, não podemos deixar de citar outros espíritos que reencarnaram com tal propósito: Amélie-Gabrielle de Lacombe Boudet Rivail, sua devotada esposa; as irmãs Baudin, Caroline e Julie; a família Dellane, com destaque para Gabriel, notável autor de "A Evolução Anímica"; Léon Denis, apontado, com justa razão, como o legítimo continuador da Obra; e tantos outros, como, ainda, a jovem médium Ruth Celine Japhet.

— Convém, Odilon, que não nos esqueçamos das Sras. Roger; De Cardone; De Plainemaison; Schmidt; da Srta. Ermance Dufaux; do amigo Fortier; de Carlotti; de Rostan, dos editores, de Pierre-Paul Didier... E deste agora nosso Lado da Vida, Além, é evidente, do Espírito da Verdade, representando o próprio Senhor, João Evangelista, Santo Agostinho, São Vicente de Paulo, São Luís, Sócrates, Platão, Fénelon, Franklin, Swedenborg, outros e outros, para apenas nomearmos aqueles que, em "O Livro dos Espíritos", lhe assinaram os "Prolegômenos".

4

Dando sequência ao proveitoso diálogo, que se enriquecia com os apontamentos do Instrutor, argumentei:

— O terceiro grande *momento mediúnico,* vivenciado pela Humanidade, foi, sem dúvida, Chico Xavier, com a extraordinária obra literária e humanista que lhe nasceu do missionário labor.

— Concordo, doutor.

— Pela terceira vez, agora sem demorar tanto, fendeu-se o imenso véu e, como o Espírito da Verdade anotou no prefácio de "O Evangelho Segundo o Espiritismo", "os Espíritos do Senhor, que são as virtudes dos Céus, qual imenso exército que se movimenta ao receber as ordens do seu comando, espalham-se por toda a superfície da Terra e, semelhantes a estrelas cadentes, vêm iluminar os caminhos e abrir os olhos aos cegos"!

— Bela imagem!

— O Mundo Espiritual compadeceu-se de nossas imperfeições e mazelas e, no início do século que assinalou o término do segundo milênio da Era Cristã, enviou-nos Chico Xavier.

— 41 anos após o desenlace do Codificador!

— O trabalho mediúnico que Chico desenvolveu, ao longo de 75 anos de apostolado, equivaleu ao de uma falange, sem desmerecer, é claro, o esforço de tantos outros espíritas contemporâneos; em torno de suas faculdades orbitavam dezenas de personalidades espirituais, complementando e atualizando a Codificação...

— Espíritos, doutor, que, por sua vez, se faziam intérpretes de outros de mais elevada hierarquia.

— Sim, porquanto Emmanuel e André Luiz, por exemplo, eram grandes inspirados, que não escreviam apenas e tão-somente por seus próprios recursos doutrinários e espirituais.

— A obra mediúnica de Chico foi toda ela supervisionada pelo Senhor!

— Não há o que se contestar, Odilon. Concordo plenamente com você. Em toda ela, não há uma só linha que destoe da Codificação, e mais: se Kardec se fizera apóstolo pelo pensamento, de volta ele mesmo ao corpo, fez-se apóstolo pelo coração.

— O excepcional medianeiro...

— Que considero o maior fenômeno mediúnico da História – não da história recente do Espiritismo, mas da Humanidade...

— ...trazia a Doutrina arraigada em seu espírito!

— Que outro, senão o próprio Kardec, poderia tê-la concebido tão fielmente, desde a juventude, entregando-se de corpo e alma ao seu ministério? Chico, na minha concepção, foi mais que simples medianeiro...

— Mal comparando, doutor, era ele um piano afinadíssimo, suprindo, inclusive, as deficiências do artista que lhe manejava o teclado.

— No "Parnaso de Além-Túmulo", por exemplo, penso que os poetas entravam com o verso e com o nome, cabendo a ele a adequação doutrinária do texto; muitos haviam sido ateus ou de rígida formação católica, para que escrevessem com tanta beleza e profundidade filosófica...

— Interessante a colocação, doutor! De fato, não dá para se entender um Alphonsus de Guimaraens, um Antero de Quental e mesmo um Augusto dos Anjos louvando a sobrevivência do ser com tanta espiritualidade, e isto por mais que se tenham modificado na Vida além da morte.

— Esta questão, Odilon, fica mais evidente nas chamadas cartas-familiares... Os espíritos comuns que se serviam das faculdades de Chico, escrevendo aos entes amados que os pranteavam da Terra, contavam com a sua benéfica interferência; com todo o respeito, eles não poderiam grafar páginas tão transcendentes, repletas de consolo e esclarecimento. Eram, sim, auxiliados por outras entidades, mas tenho para comigo que a participação do médium era decisiva no êxito do empreendimento.

— Não se faz ainda ideia precisa, mesmo entre os adeptos da Doutrina, do que o fenômeno "Chico Xavier" representou e há de representar para a Humanidade, na construção da Nova Era.

— Nós, Odilon, que convivemos com ele, que fomos seus contemporâneos, não atinávamos com a grandeza de sua missão, tão simples e humilde ele se mostrava aos nossos olhos! Quantas vezes, confesso, pensei como tantos pensaram e pensam: — Chico é apenas um excepcional médium psicógrafo...

— Ainda que apenas fosse, não é, doutor?

— Exatamente! Ainda que apenas fosse, seria inabitual; mas não: ele era muito mais que excepcional medianeiro no campo da psicografia... As pessoas que conviveram com Jesus, os seus próprios familiares, não suspeitavam o significado de sua Presença Divina entre elas; quando quiseram agarrá-lo, Ele já havia partido...

— Contudo, há de ser assim, pois, caso contrário...

— Eu sei, a gente idolatra e atrapalha.

— Voltando a falar sobre o "Parnaso de Além-Túmulo", que veio a lume, em sua 1.ª edição, em 6 de julho de 1932, quando Chico contava 22 de idade – nenhum poeta da Língua conseguiu se imortalizar de maneira tão precoce, nem Castro Alves...

— Nem o grande Castro Alves – emendei –, o consagrado autor de "Espumas Flutuantes", que desencarnou com 24 anos!

— ...o poema assinado por João de Deus, que dá título ao livro, é um resumo desse *momento mediúnico* que se fez preceder pelo canto dos poetas redivivos, que sacudiram, com os seus versos, o cepticismo das criaturas...

— Inclusive, Odilon, do pessoal lá da Academia que deve ter se engasgado com muitas chávenas de chá e biscoitos, quando começou correr a notícia de que um rapazola semi-analfabeto, do interior de Minas Gerais, andava produzindo sonetos e poemas com a naturalidade com que flui a água da fonte... Ora, eu que, por vezes, cometia alguma trova ou algum cromo, que conheci, de perto, as "dores do parto" que revolveram as entranhas do poeta que se esforça para "parir" um único verso, sei o que a gente lá da Academia Brasileira de Letras deve ter sentido – inveja, despeito, ciúme...

— Doutor!...

— Já entendi e encerrei, mas o que foi dito está dito.

Como se estivesse com o "Parnaso" nas mãos, o Instrutor, igualmente de fina sensibilidade poética, começou a declamar o belo soneto decassílabo:

"Além do túmulo o Espírito inda canta
Seus ideais de paz, amor e luz,
No ditoso país onde Jesus
Impera com bondade sacrossanta.

Nessas mansões, a lira se levanta,
Glorificando o Amor que em Deus transluz,
Para o Bem exalçar, que nos conduz
À divina alegria, pura e santa.

Dessa Castália eterna da Harmonia
Transborda a luz excelsa da Poesia,
Que a Terra toda inunda de esplendor.

Hinos das esperanças espargidos
Sobre os homens, tornando-os mais unidos,
Na ascensão para o Belo e para o Amor."

Confesso-lhes que, emocionado, enxuguei com a manga do jaleco os olhos, que se encharcaram, e comentei:

— Odilon, o Parnaso tem dois cumes famosos: um deles era consagrado a Apolo e às Musas, o outro, a Baco; entre eles, brota a fonte de Castália...

— Como Chico costumava dizer, o "Parnaso de Além-Túmulo", doutor, representou um chamamento para que as pessoas se reunissem na simbólica praça onde seriam proclamados os Éditos do Mais Além.

— No caso dele, os poetas foram os "espíritos-batedores"... Vieram abrir caminho para que, mais tarde, os doutrinadores pudessem falar sobre as realidades da Vida Imperecível. Em Pedro Leopoldo, ocorria, verdadeiramente, um novo dia de Pentecoste! As atenções do Brasil passaram a convergir para o pequeno burgo em que um jovem órfão conversava com os *mortos,* desde os 5 anos de idade. Aliás, Chico começou a psicografar aos 12 anos – oficialmente foi aos 17, mas a sua primeira psicografia ocorreu quando cursava o 4.º ano fundamental (antigo *primário*) do Grupo Escolar "São José".

Pausei por instantes e, tomando um manuscrito sobre a mesa, que eu copiara de um livro, li parte de precioso depoimento do próprio médium: — "O Governo do Estado de Minas Gerais instituiu prêmios para os alunos de todas as classes de 4.º ano das escolas primárias que apresentassem as melhores páginas sobre a História do Brasil. Era um concurso a que todos nós, as crianças do 4.º ano, em Minas, devíamos comparecer. Nossa professora, D. Rosália Laranjeiras, abnegada educadora mineira, profundamente respeitada, nos círculos do Magistério em nosso Estado, desencarnada, há alguns anos, em Pedro Leopoldo, marcou data para a referida prova. Abertos os trabalhos no dia indicado, quando começamos os preparativos para a escrita, *vi um homem, ao meu lado, ditando como eu deveria escrever.*" (o grifo está no original)

— Aos 12 anos!

— Um garoto de pés descalços no chão... Ele calçou o seu primeiro par de botinas aos 15 – um presente do Pe. Sebastião Scarzelli, seu confessor; a família era muito pobre!...

5

— Então, Odilon – falei, recapitulando – com Chico Xavier completa-se o ciclo do que denomino de os três principais *momentos mediúnicos* da História, em que, por assim dizer, os espíritos se comunicaram, coletivamente, com os homens.

— O dia do Pentecoste, que ocorreu após a ascensão de Jesus...

— O Mestre previu a generalização da mediunidade, conforme se constata em "Atos dos Apóstolos", capítulo 1, versículo 8: "...mas recebereis poder, ao descer sobre vós o Espírito Santo, e sereis minhas testemunhas tanto em Jerusalém, como em toda a Judeia e Samaria, *e até aos confins da Terra"*. (grifei)

— Durante quarenta dias consecutivos, o Senhor, redivivo, apareceu aos Apóstolos e discípulos...

— Sendo que a festa de Pentecoste, que se celebra por ocasião da Páscoa, se deu dez dias depois!

— O fenômeno das “mesas girantes” e o advento de Chico Xavier, que, na realidade, não sofreu solução de continuidade no tempo – trata-se, quase, do mesmo episódio, levando-se em consideração a identificação da obra de Kardec e a do notável médium.

— Quando será, não é, Odilon – perguntei ao amigo –, que os Céus novamente haverão de se abrir, ensejando manifestações tão retumbantes e inequívocas?

— Doutor, do Espiritismo para cá, a verdade é que as portas do intercâmbio mediúnico consciente jamais se cerraram; a estrada que se pavimentou entre as Duas Esferas vem se ampliando gradativamente... A mediunidade hoje se encontra cada vez mais disseminada, embora somente na Doutrina ela possa ser exercida com real proveito. Talvez em nenhuma época, a mediunidade se tenha generalizado tanto, extrapolando o âmbito de qualquer crença religiosa; os espíritos têm-se comunicado no mundo todo...

— O que não deixa de ser interessante, todavia preocupante, não é?

— Em termos, pois, pelo menos, é a ideia da imortalidade que se opõe ao materialismo; agora, quanto à questão doutrinária...

— Sem dúvida, deixa a desejar, principalmente ao que, na Doutrina, os Espíritos Superiores enfatizam: o compromisso com a renovação íntima!

— Em suma, com o Evangelho do Cristo!

— Embora para muitos – falei – estejamos divagando desnecessariamente, permita-me um adendo: sempre considerei o "Cartas de Uma Morta", o segundo livro da lavra mediúnica de Chico, uma obra excepcional...

— De autoria de Maria João de Deus, mãezinha dele, desencarnada em 29 de setembro de 1915.

— André Luiz, mais tarde, tão-somente desenvolveu o que ali se encontra esboçado. Mas desejo dar ênfase ao que se encontra anotado nos capítulos 78 e 111, dentre outros. No capítulo 78, inspirada pelos Mentores que a tutelavam, escreveu: "Nesses tempos imediatos ao *post-mortem,* repontados de impressões físicas, as quais persistem em algumas entidades anos a fio, *a vida é quase cópia da existência da personalidade terrena* (grifei) e foi assim que conheci inúmeros companheiros que duvidavam dos ensinamentos dos mestres, quando se referiam aos pretéritos longínquos; e alguns deles me asseveravam não poderem admitir a multiplicidade das existências da alma".

— Corroborando, doutor, o que acabou de ler, cito um trecho do excelente "O Livro dos Espíritos e sua Tradição Histórica e Lendária"...

— Do erudito Dr. Canuto de Abreu!

— Vejamos: "As almas dos defuntos principiaram a manifestar-se, por ela (Ruth Japhet, então com 12 anos de idade), após algumas sessões. Disseram-me a natureza de seu nervosismo e indicaram-me os meios de curá-la. Inteiramente restabelecida, tornou-se uma admirável sonâmbula. Recebi, por intermédio dela, muitas revelações, tal como Cahagnet tem obtido por Adèle. Com uma notável diferença, que me faz colocar os dotes de Ruth acima dos de Mademoiselle Maginot: *Por meio de Ruth os Espíritos sustentaram sempre a reencarnação múltipla neste Mundo, dogma que a escola de Cahagnet repele e combate"*. (grifei)

— Que coisa, Odilon! – exclamei. — Imaginemos o que haveria de ter sido, se a obra de Alphonse Cahagnet sobrepujasse a de Kardec! Teríamos um Espiritismo mutilado – gravemente mutilado, diga-se com ênfase.

— Adiante, reafirma o Dr. Canuto: *"Alphonse Cahagnet* (1809-1885), *porém, fundado nas afirmativas categóricas de Adèle, que ainda não pode sacudir suas amarras místicas ao Catolicismo, nega a reencarnação, sem qualquer motivo plausível* (grifei). Foi a Senhorita Ruth, com quatorze anos de idade, quem, um dia, me tirou, inteiramente, a dúvida".

— E, depois, dizem que o médium não interfere, que é completamente passivo, etcétera e tal.

— Por isto, doutor, com Kardec, uma das primeiras preocupações dos Espíritos foi a de convencê-lo da tese reencarnacionista, inclusive revelando-lhe uma sua existência anterior.

— Sem a Reencarnação, como se entender a Lei de Causa e Efeito e, por conseqüência, a Justiça Divina? Enfim, como se explicar a Vida de maneira plausível?

Quebrando o silêncio que se fez natural, retomei a leitura de o "Cartas de Uma Morta", agora dando destaque ao capítulo 111: "Os saxões, os latinos, os árabes, os orientais, os africanos formam aqui grandes falanges, à parte e em locais diferentes uns dos outros. Nos núcleos de suas atividades, conservam os costumes que os caracterizavam e é profundamente interessante observarmos de perto como essas imensas colônias espirituais diferem umas das outras..."

— O senhor havia se referido à obra de André Luiz... Lembro-me de ter lido, em "Evolução em Dois Mundos", substanciosa página sobre a "vida social dos desencarnados", da qual destaco o parágrafo: "Por isso mesmo, na esfera seguinte à condição humana, temos o *espaço das nações,* com as suas comunidades, idiomas, experiências e inclinações, *inclusive organizações religiosas típicas* (grifei), junto das quais funcionam missionários de libertação mental, operando com caridade e discrição para que as ideias renovadoras se expandam sem dilaceração e sem choque".

— Isto posto, Odilon – falei, preocupado –, não podemos deixar de considerar a relatividade do "controle universal do ensino dos Espíritos", pois que, na confirmação desta ou daquela revelação, inúmeros interesses estão em jogo.

— Assunto delicado, mas que, sem dúvida, deve ser levado em consideração pelos estudiosos da Doutrina.

— Analisemos os casos das médiuns Adèle Maginot e Ruth Celine Japhet: a primeira, de rígida formação católica, ensejava, por seu intermédio, a comunicação de espíritos de pensamento semelhante ao seu... É possível, por exemplo, que, entre os muçulmanos, amanhã ou depois, os espíritos enfatizem a importância do Corão sobre o Evangelho, de Maomé sobre Jesus Cristo. Examinando, Odilon – considerei –, a copiosa literatura mediúnica espiritualista, raras são as obras que enaltecem a figura de Jesus, como Senhor e Mestre.

— É verdade.

— Então, repito: o tão propalado "controle universal do ensino dos Espíritos", para ser eficaz, há de ser universal mesmo, abrangendo, inclusive, informações fora do âmbito da Doutrina, onde, infelizmente, vigem certos interesses de grupos, médiuns e lideranças.

Ante a expectativa do Mentor, continuei:

— Sem o propósito de ser advogado em causa própria, li, quando ainda na carne, o livro "Autobiografia de um Iogue", de Paramehansa Yogananda. No capítulo 43, "A Ressurreição de Sri Yukteswar", temos, sob outra visão, uma síntese da filosofia espírita. A obra, ao que presumo, foi publicada em torno de 1945, já que, às suas páginas iniciais, há um agradecimento do autor, datado de 28 de outubro de 1945 – dois anos após a 1.ª edição de "Nosso Lar", pela Federação Espírita Brasileira. Pois bem. Em determinado parágrafo, captando instruções de seu mestre desencarnado, o "médium"

Yogananda escreveu: "O homem não-desenvolvido tem que passar por *incontáveis encarnações terrestres, astrais e causais,* para emergir de seus três corpos". (grifei) Embora, a princípio, tenha ficado sem entender, terminei por admitir a razoabilidade da colocação, que, no meio espírita, ainda ocasiona certo rebuliço.

— Trata-se de um raciocínio lógico.

— Deixa-me concluir o parágrafo captado por Yogananda. "Um mestre que conquista a liberdade final pode escolher voltar à Terra como profeta, para ajudar outros seres humanos a regressarem a Deus, ou, como eu, residir no cosmos astral. Lá, um salvador assume parte do fardo cármico de seus habitantes e assim os ajuda *a terminar o ciclo das reencarnações no cosmos astral..."* (grifei) Não é, deveras, interessante, Odilon?

— Muito!

— A verdade sobre a vida nos Planos Espirituais não está apenas com os espíritos da Doutrina! O Espiritismo é, sem dúvida, uma expressão da Verdade Universal, mas não a única. "O controle universal do ensino dos Espíritos" inclui outras culturas.

6

Antes de sair, Odilon formulou-me convite para que, se possível, em visita ao "Liceu", proferisse uma palestra para os seus estagiários, ao que aquiesci de bom grado, não obstante os meus escassos recursos no campo da oratória.

— Quem tem um Odilon, não precisa de um Inácio – gracejei com o companheiro, a despedir-se.

— Não só de um, mas, de dois – respondeu –; e, para mim, o senhor é um homem de duplo valor: a sua vivência conta mais que a teoria.

Assim que o Instrutor saiu, como me restavam alguns minutos antes de retomar a faina cotidiana, resolvi consultar "O Livro dos Espíritos" e efetuar anotações, à guisa de roteiro, para a já prometida palestra.

Indo direto ao seu capítulo IX, "Intervenção dos Espíritos no Mundo Corpóreo", pus-me a relê-lo nos itens I e II: "Penetração do nosso pensamento pelos espíritos" e "Influência oculta dos espíritos sobre os nossos pensamentos e as nossas ações".

— Engraçado – monologuei –, os que se encontram encarnados não imaginam que nós, os desencarnados, também estejamos sujeitos à influência dos espíritos – influência que nos chega do mundo físico e das diferentes dimensões que nos rodeiam: das que nos estão abaixo, das que se situam acima e das que se encontram paralelamente...

E, sem nenhuma preocupação com sequência, comecei a rascunhar:

– Todos os espíritos, quer estejam encarnados ou não, estão sujeitos à influência mental de outros, e isto porque, em essência, nós nos expressamos através do pensamento;

– as nossas atitudes representam o somatório de nossa vontade (livre-arbítrio) e das sugestões que recebemos, cabendo-nos sempre a responsabilidade dos próprios atos;

– todas as criaturas, encarnadas e desencarnadas, são portadoras de sensibilidade mediúnica, mais ou menos acentuada, que naturalmente as predispõem à sintonia que estabelecem umas com as outras;

– no que tange a influenciar ou a ser influenciado, não há quem consiga se neutralizar completamente;

– a lei enunciada para os fenômenos de natureza física – "semelhante atrai semelhante" – igualmente vige para o que é pertinente ao mundo moral, ou seja: cada qual orbita no derredor de suas preferências e inclinações;

– o espírito vive pelo pensamento, portanto o que se diz e o que se faz é consequência de escolha prévia, consciente ou inconsciente;

– no espírito que não possui mais amplo domínio sobre si, que não se conhece mais profundamente, o inconsciente prevalece, com as aquisições do pretérito se opondo às realizações do presente;

– disciplinar o pensamento significa educar-se em profundidade, promovendo indispensável mudança de hábitos;

– todos os pensamentos, os de ordem mais elevada e aqueles que promanam de mentes inferiores, jazem disponíveis aos que a eles se conectam;

– quanto mais sublime, maior a velocidade com que o pensamento se propaga, pois que também é ponderável;

– os pensamentos inferiores se delimitam em sua capacidade de expansão;

– existem pensamentos que se "interpenetram", mas que, de modo algum, se identificam;

– os espíritos de pensamentos semelhantes tendem a se agrupar, "alimentando-se" reciprocamente;

– Jesus é o modelo da Mente Divina, ao qual, gradativamente, precisamos nos ajustar: o Evangelho é o Pensamento do Cristo em forma de palavras;

– o espírito reencarna para aprender a pensar, "através dos olhos e das mãos", para que, mais tarde, realize, através do pensamento, o que, por agora, só é capaz de realizar com o concurso de apêndices físicos;

– a vida da criatura, onde estiver, é a exteriorização de pensamentos ardentemente acalentados;

– o pensamento equivocado faz com que o espírito tome a ilusão pela realidade;

– após a morte do corpo, o teor dos pensamentos do espírito é que determina a região em que ele há de se fixar;

– a mente não se descondiciona com facilidade; por vezes, a sugestão recebida perdura por séculos no espírito;

– uma encarnação é tempo demasiadamente curto para que o espírito modifique concepções...

Eu poderia, sem dúvida, continuar escrevendo, não tivesse sido interrompido por Manoel Roberto, que, a meu pedido, viera avisar-me da chegada de um paciente previamente agendado.

— Interrompo, Doutor? – perguntou com delicadeza.

— Eu estava quase chegando lá...

— Aonde?

— Ao cerne da questão; mas, como sempre, você estragou tudo...

— O senhor havia me recomendado...

— Eu sei, mas você, Manoel, precisa de um pouco mais de mediunidade...

— É que o paciente chegou e...

— Faça-o entrar – respondi, sorrindo, ao ver o constrangimento do amigo, que nunca sabia quando eu estava brincando ou falando sério. Nem eu!

— Dr. Inácio?! – disse o cavalheiro, cumprimentando-me.

— Ao seu dispor. Sente-se.

Esperando que se ajeitasse na poltrona, indaguei:

— A que veio?

— Dizem que o senhor é excelente para tratar de obsessão.

— Tenho, sim, como a maioria, razoável propensão para lidar com a obsessão dos outros...

O paciente sorriu e explicou:

— Ideia fixa, Doutor, auto-obsessão – eis o meu problema!

— Toda obsessão, primeiro, tem por causa uma auto-obsessão, no entanto, pouca gente admite... É sempre mais fácil transferir a culpa para outrem.

— Eu não consigo deixar de pensar em sexo...

— Sexo é muito bom, porém tudo o que é demais enfara...

— Sinto-me exausto, doente.

— Como foi que começou?

— Doutor, eu me sinto envergonhado...

— Se não foi para se despir, não sei o que você veio fazer aqui.

— O senhor é muito direto.

— Se preferir, podemos falar de futebol... Para que time você torce?

— Não, Doutor, não é o caso.

— Então, meu filho, dispa-se: tire a roupa, deixe cair o disfarce...

— Começou...

— Uma aventura aqui, outra ali...

— É...

— Emoções diferentes!

— Como é que sabe?

— Não vamos trocar de lugar: o paciente aqui é você, correto?

— O sexo, para mim, tornou-se vício.

— No pensamento e na ação?

— Mais no pensamento, porque, se eu fosse praticar sexo com a intensidade com que nele penso...

— Não faria outra coisa?

— Não; confesso ao senhor que não...

— Sexo sem amor é incêndio que tudo reduz a cinzas!

— Eu vivia ou vivo, sei lá, atrás de algo diferente – como disse, de uma emoção diferente.

— Não existe! No sexo, o que faz a diferença são só o amor, o carinho, a ternura... O resto, creia-me, é tudo igual: atingindo o orgasmo, acabou!

— Será, Doutor?

— Responda você. Relaciona-se diariamente?

— Diariamente e, às vezes, mais de uma vez...

— Isso que é virilidade! O que faltou em mim passou em você – descontraí-me.

— O problema é o vazio que, depois, fica na gente...

— Os epicuristas são assim.

— Quem?

— Os discípulos de Epicuro, filósofo grego que viveu entre 341 e 270 a.C.; ele ensinava ser o prazer o soberano bem... André Gide (1869-1951), escritor francês, também ensinava que o ideal da vida é beber sem jamais matar a própria sede.

— Deus me livre!

— Tome, então, a decisão de livrar-se.

— Como lhe disse, o meu pensamento adoeceu... Eu não quero, mas fiquei prisioneiro. Sei que mais uma experiência sexual não me levará a nada... Não estarei sendo vampirizado?

— Espíritos oportunistas sempre aparecem; a causa, no entanto, como você próprio admitiu, está em você – é uma questão de "centro" e não de "periferia"!

— Existe remédio, Doutor, para semelhante mal?

— No fundo, não sei se já lhe disseram, é clara e evidente sintonia de egoísmo. Você não se importa com os outros...

7

— Doutor, não é que não me importe – argumentou o paciente! — Eu não prometo nada a ninguém, não brinco com os sentimentos alheios...

— Brincar com os seus já não é suficiente? – perguntei, deixando-o ensimesmado. — Meu irmão, a taça do prazer, quando transborda, exige que seja novamente cheia... Não há quem logre saciar-se. Ou você para ou a coisa não terá fim... Em termos, bem entendido, pois qualquer desatino psíquico tende a somatizar-se. Você perguntou sobre vampirização... Ocorreu-lhe que poderá se transfigurar em obsessor? O abismo “para baixo”, quanto a altura “para cima”, é infinito, na opção do espírito em precipitar-se ou elevar-se. Ao que constato, você está margeando o precipício... Conversemos francamente, como homens que somos. O sexo, por ele mesmo, já o satisfez? Deu-lhe serenidade, sensação de integração com a Vida, sem atormentar-se por isto ou por aquilo?

— Não, ao contrário: o apego me faz sofrer... O desejo é um tormento, Doutor! Cheguei, inclusive (perdoe-me a confissão) a me alhear ao que se me constitui em objeto de prazer – no caso, o sexo oposto.

— Você almeja tão-somente usufruir?

— É... Creio que o vício sexual seja um vício como o da...

— ...cocaína! Digo-lhe: pior ainda – acrescentei, convicto. — A abstenção de uma droga de natureza química, às vezes, exige uma desintoxicação física; a outra é mais profunda, pois que se encontra arraigada na mente. Quem se perverte sexualmente não sabe por que caminho está enveredando.

— O senhor, por favor, me socorra... Estou cansado! Qual é a saída? Não aguento mais. Tenho medo de perder o que me resta do domínio sobre mim mesmo...

— Você precisa encontrar alguém para amar – respondi, incisivo. — Só o amor consegue sobrepujar a paixão.

— Eu não gosto de ninguém... Nunca, de fato, me interessei por uma mulher que me bastasse.

— Que fosse sua companheira, mãe de seus filhos, guardiã de sua felicidade conjugal...

— Nunca pude ver uma mulher com o coração.

— Como via a sua mãe, as suas irmãs?

— Eu as amava, lhes desejava o bem... A minha mãe foi uma mulher sofredora: o meu pai a abandonou por outra, deixando-a com quatro filhos para criar.

Éramos, em casa, dois homens e duas mulheres. Uma de minhas irmãs, a mais nova, casou-se com um alcoólatra que a espancava; terminou sendo morto numa briga de bar... A outra, a mais velha de todos, ficou solteira, dividindo com a minha mãe as lutas domésticas. Então...

— Como você lhes demonstrava o seu amor?

— Não sei... A palavra certa, para definir o que eu sentia por elas, não é amor – talvez, respeito, consideração...

— Sejamos sinceros: nem isso, nem respeito, nem consideração! Você é tremendamente egoísta.

— Doutor...

— Você sempre só pensou em si mesmo. E não se ofenda, que não vou passar a mão na sua cabeça... A sua doença tem nome: egoísmo exacerbado!

— Devo admitir que nunca cogitei da felicidade de quem quer que seja, mas as palavras do senhor são muito duras.

— Em seu favor, posso fazê-las mais duras ainda; no entanto, se prefere, podemos encerrar a consulta.

— Não! Continue... Preciso ouvir.

E gemeu, consternando-me:

— Ai, meu Deus, como a verdade dói!

— Quando disse que você precisa encontrar alguém para amar, não significa, necessariamente, uma só pessoa, o que, convenhamos, não seria lá tão grande vitória sobre o seu egoísmo.

— Como?!...

— O que me diz da caridade? – indaguei, imprimindo à conversação o rumo que desejava, desde o início de nosso diálogo.

— Nada, Doutor, não posso dizer nada.

— Escute: você sabe que está *morto?*

— Sei...

— E que até o presente momento os seus passos não o conduziram a caminho algum?

— Sei.

— Ora, meu amigo, então quem não entende nada aqui sou eu... Qual a sua crença religiosa?

— Eu era católico.

— Graças a Deus!

— ?!...

— Eu pensei que você fosse dizer que é espírita. Já andamos tão comprometidos!...

— Eu disse *era,* Doutor; atualmente...

— Não, que estava bom demais para ser verdade.

— O Espiritismo tem razão no que prega...

— E por que não se lhe torna adepto?

— Como conciliar as coisas, o que sou com o que devo ser?

— Não tem jeito; a consciência espírita é terrível... Você sabe o que é um garrote?

— Um bezerro?...

— Não; pergunto pelo significado original da palavra, sob o ponto de vista médico: "dispositivo aplicado ao redor de membro, de modo a produzir compressão, até que não se perceba batimento arterial"...

— Um torniquete!

— Isso! Acertou em cheio. A consciência espírita é um torniquete... O curioso é que ninguém o aperta, a não ser a gente mesmo.

— Então?...

— Não dá para conciliar safadeza com responsabilidade.

— O senhor é interessante: aperta e bambeia... Há minutos atrás, eu quase me levantei e fui embora.

— Esteja à vontade...

— Agora, não; quero ficar.

— Bem, falávamos sobre caridade. Não há, em toda farmacopeia universal, melhor remédio contra o egoísmo: praticar a caridade, mesmo a contragosto! Para você não ficar doido, é o medicamento que lhe prescrevo, em uso diário, por tempo indefinido.

— Doutor, eu sou tão pobre de espírito...

— A caridade o enriquecerá!

— Não sei nem por onde começar...

— Esta, embora não aparente, é uma dificuldade real; os egoístas "de carteirinha" não sabem mesmo – algo tão simples e tão complexo! Falta de prática... Analfabetismo espiritual. Tem que começar do bê-á-bá!

— A caridade pode me curar?

— É a sua única esperança de cura; se não der certo, considere-se desenganado: você será um cadáver ambulante...

— A caridade...

— ...ensinar-lhe-á rudimentos de amor ao próximo.

— Mas eu não tenho nada!...

— Você está querendo dizer que Deus o deserdou?

— Não...

— De fato, custa-me crer que você é um anjo em potencial, mas é!

— Voltei a ficar confuso, Doutor.

— O negócio é o seguinte: você não ama ninguém... Amor é simpatia, e você, em que pese à boa figura, não é simpático. Lembra-se de alguém que o amasse?

— Não.

— Certa vez, li uma frase que não me sai da cabeça – agora não vem ao caso o seu autor: "Felicidade é devolução". A gente não dá o que tem – a gente tem o que dá!

— Complicado.

— Eu também acho, mas funciona, e é assim.

— Pensei que o senhor fosse me tratar com hormônios ou até mais agressivamente...

— Como castrá-lo, não é? Creia, meu amigo, que vontade não me falta.

O paciente esboçou um sorriso.

— Entrementes, vamos por uma via alternativa; a menos que...

— Não!

— Então, estamos acertados: você começa amanhã...

— Onde?!...

— Aqui, como voluntário, nos pavilhões dos enfermos com incontinência urinária e os esfíncteres descontrolados...

— O que prefere: transformar-se num vampiro, num "ovóide" ou, quem sabe, mais tarde, despertar a simpatia de um coração feminino solitário?

— Doutor, eu acho que o senhor reduziu o meu erotismo à metade...

— É, infelizmente, tenho mesmo essa fama, mas, creia, é intriga dos concorrentes. O que posso fazer? Eu não tenho culpa de ter o charme que tenho! – caçoei.

8

O segundo paciente agendado para aquela parte do dia era um homem sério que, logo ao chegar, declinou o próprio nome e a sua condição religiosa.

— Chamo-me Onofre, sou espírita e o senhor não me conhece – falou sem rebuços. — Aqui não estou para uma consulta ao psiquiatra, mas para uma conversa com o companheiro de Doutrina.

— Em que lhe posso ser útil? – indaguei.

— Sou mais ou menos como o senhor e gosto de ir direto ao assunto. Quando na Terra, aprendemos com a Doutrina que o espírito pode se locomover para onde quer...

— Não é bem assim.

— ...e, consequentemente, pode estar entre os encarnados com relativa facilidade.

— Não tome a asserção ao pé da letra; existem regras, condições, detalhes que os Espíritos Superiores não abordaram.

— Eu tenho tentado ir à Terra e não consigo... O meu pensamento, a não ser pelos prodígios da imaginação, não me leva a parte alguma. Aqui, no Plano Espiritual, estou como se estivesse na Terra – a única diferença é a minha condição de desencarnado. O que o senhor tem a me dizer? Kardec se equivocou?

— Não, meu amigo, Kardec não se equivocou; na tradução do que os Espíritos lhe revelaram, o Codificador foi extremamente preciso... Não é mesmo fácil atravessar a barreira das dimensões diferentes; a menos que, ao desencarnar, fiquemos nas adjacências da Terra, não temos como ir por lá a nosso bel-prazer...

— Em "O Livro dos Espíritos"...

— Há pouco, estava a consultá-lo.

— ...na questão 456: "Os Espíritos veem tudo o que fazemos?", encontramos a resposta: "Podem vêlo..."

— Repare que está sob condição – aparteei-o. — "...pois estais incessantemente rodeados por eles".

— Sim, espíritos desencarnados que somos, igualmente nos encontramos rodeados por seres extracorpóreos; tudo é relativo... Não vemos, em condições normais de percepção, os espíritos que nos rodeiam.

— Concluindo – disse-me ele: "Mas cada um não vê senão aquelas coisas a que dirige a sua atenção, porque eles não se ocupam das que lhes são indiferentes".

— Exato. Onde é que você está enxergando o problema?

— Eu tenho dirigido a minha atenção para a Terra e... nada! Para mim, seria fácil transitar de uma esfera a outra... Mesmo desenvolvendo a volitação, não adianta: não consigo "subir" nem "descer"!

— Meu irmão, o Criador é sábio – argumentei. — Você já imaginou a falta de privacidade em que os encarnados viveriam, se pudéssemos bisbilhotá-los à vontade? Isso não é assim. Existem, conforme lhe disse, normas que regulam a possibilidade de, com os que deixamos na retaguarda, intercambiarmos. O contato indiscriminado seria uma calamidade – os casos de simbiose mental, de obsessão, enfim, de dependência psíquica aumentariam assustadoramente, estabelecendo o caos. Você leu a obra "Evolução em Dois Mundos", de André Luiz?

— Confesso que não; o meu parâmetro maior na Doutrina sempre foi Kardec...

— O que não estiver, explicitamente, em Kardec?...

— Observo com ressalvas.

— Mesmo em se tratando de André Luiz, por Chico Xavier?

— Quando encarnado, por conta de minhas convicções, sustentei muitas polêmicas. Ora, Doutor, André Luiz esteve por quase nove anos no Umbral... Que crédito se poderá dar às suas palavras?

— Onofre, meu caro, iniciamos o nosso diálogo com você me perguntando se Kardec se equivocou... O Codificador, em uma obra tão sucinta quanto "O Livro dos Espíritos", não poderia prever todas as situações que envolvem a vida no Plano Espiritual, concorda?

— Em parte; de fato, em apenas 1.018 questões sobre os mais diversificados temas, não poderia; ele necessitaria, no mínimo, escrever um outro volume semelhante...

— As pessoas exigentes como você estariam querendo saber sempre mais: para muitos adeptos da Doutrina, o Pentateuco e as mais de quatrocentas obras psicografadas por Chico Xavier continuam sendo insuficientes... Vocês – perdoe-me – são daqueles que querem toda a Verdade de graça, sem nenhum esforço de reflexão.

— Eu sei que o senhor anda escrevendo para a Terra...

— É verdade.

— O que me diz da receptividade de suas obras?

— Não posso me queixar, mas *tem* gente que pensa como você pensa em relação a André Luiz.

— Como assim?

— "Aquele médico de doidos, um velho maníaco, se metendo a fazer revelações... Quem é ele? Um espírito mistificador, isso sim – irônico e histrião!"

— Tenho respeito pela pessoa de André Luiz, apenas...

— Onofre, esse é o argumento dos sofistas! E a credibilidade de Chico Xavier, para você não contava?

— O senhor sabe: médium é médium... Chico era um homem boníssimo, mas não era um homem de gênio como Kardec, um dos maiores intelectuais de seu tempo.

— Você não crê que um possa ter sido a reencarnação do outro? – arrisquei, sem a menor perspectiva de êxito.

— Chico, a reencarnação de Kardec?! Nunca; são totalmente diferentes, personalidades quase antagônicas – Kardec era um homem de natureza ativa; já Chico, pela sua própria condição de médium, totalmente passivo...

— Você demonstra conhecimento da personalidade de Allan Kardec... Conviveu com ele, privou de sua amizade?

— Não que me recorde, Doutor; no entanto, pode até ter sido, quem sabe? – respondeu, quase sem ocultar certa vaidade pelo que se cogitou em remota possibilidade.

— Conheceu pessoalmente Chico Xavier? Esteve alguma vez em Pedro Leopoldo ou Uberaba?

— Infelizmente, não.

— Infelizmente mesmo! – exclamei.

— O quê?...

— É uma pena que não o tivesse visto em ação...

— Psicografando?

— Menos psicografando do que falando, ele mesmo, sobre a Doutrina, discorrendo sobre pontos filosóficos de grande transcendência e que não estão expostos tão claramente em seus livros... Médium, digo-lhe, era o que ele menos era!

— Não concordo, Doutor; para mim, médium era tudo o que ele era, exímio intérprete dos espíritos... Agora, um médium com tantos recursos e possibilidades, psicografar André Luiz, Meimei, Maria Dolores, Cornélio Pires e mesmo Emmanuel, de passado duvidoso como jesuíta! Como comparar-se a sua obra mediúnica à do Espírito da Verdade?

— No entanto, você, por si mesmo, está tendo uma prova de que Kardec não ensinou tudo.

— De fato, existem lacunas a serem preenchidas, informações que ainda não nos foram transmitidas.

— Meu caro, nem deste Outro Lado sabemos tudo; aqui estamos a discutir, não como dois espíritos fora do corpo, mas como dois homens ainda na carne!

Pela primeira vez, deixei Onofre sem argumento.

— O que nós, por exemplo – continuei –, na condição de espíritos livres, temos a acrescentar ao que os nossos irmãos já sabem? Se lhe fosse dado comunicar-se por um médium, o que você diria?

— Eu diria que não é fácil estar com eles, a menos que...

— A menos que?... – insisti, a fim de que completasse o raciocínio.

— ...fiquemos por lá, quase semimaterializados!

— Huum!... Veja, então, o que está escrito aqui – considerei-o, abrindo o livro "Evolução em Dois Mundos", em sua segunda parte, no capítulo VII.

Com voz pausada, ele leu: — "No Plano Espiritual imediato à experiência física,..."

— É onde nos encontramos! – observei.

— "...as sociedades humanas, em quase dois terços, permanecem jungidas, de alguma sorte, aos interesses terrenos.

"Egressas do próprio mundo em que se lhes tramam os elos da retaguarda, quando não se desvairam nas faixas infernais, igualmente imanizadas ao Planeta de que se originam, trabalham com ardor, não só pelo próprio adiantamento, como também no auxílio aos que ficaram."

— "Em quase dois terços", Doutor?! – perguntou-me, admirado, ao concluir a leitura dos dois primeiros parágrafos.

— Tenho para comigo – respondi – que é um pouco mais; André Luiz, com certeza, não quis nos alarmar... Mas, para uma leitura não muito longa, leia o último parágrafo do capítulo.

— "Com esses dois terços de criaturas ainda ligadas, deste ou daquele modo, aos núcleos terrenos, encontramos um terço de espíritos relativamente enobrecidos que se transformam em condutores da marcha ascensional dos companheiros, pelos méritos com que se fazem segura instrumentação das Esferas Superiores."

9

— "...um terço de espíritos relativamente enobrecidos..." – frisei –, todavia ainda vinculados à evolução terrestre.

— Eu não pensava...

— É preciso estudar, Onofre, sem pensamento preconcebido, sem paixão, sem interesses particulares em jogo. Não prossigamos cometendo o equívoco de adaptar a Verdade ao nosso modo de ver.

— Doutor – inquiriu-me –, a rigor, onde vivemos?

— Numa esfera que interpenetra a Terra, como se, contrariando as leis da Física, dois corpos ocupassem o mesmo lugar no espaço. É claro, estou me referindo a dois corpos materiais com massas diferentes.

— Eu não sei nada e sou arrogante – murmurou. — Quer dizer que, neste exato instante, podemos estar próximos de alguém que esteja encarnado?

— Próximos e distantes, ao mesmo tempo! A distância entre o Plano Físico e o Plano Espiritual mais próximo a ele é tão incomensurável, que, de fato, para atravessá-la, precisamos mudar de corpo. Você leu "Libertação", também de André Luiz? – arrisquei, sabendo, de antemão, a inutilidade do tentame.

— Não, não li.

— Meu caro, só com o que acha conhecer de Kardec, você não terá explicação para um punhado de coisas. Em "Libertação" – veja você –, André Luiz narra, com detalhes que impressionam, que visitando uma cidade no interior da Crosta...

— Uma cidade espiritual?

— É claro! Espírito visitando espírito... Ele, Gúbio e Elói tiveram que se transfigurar, caso contrário não seriam percebidos lá. Espere um instante – solicitei, erguendo-me para pegar o referido volume sobre a estante.

Em seguida, abrindo-o no capítulo IV, "Numa cidade estranha", comecei a ler com prazer o trecho que desejava destacar: — *"Atravessamos importantes limites vibratórios e cabe-nos intregar a forma exterior ao meio que nos recebe,* a fim de sermos realmente úteis aos que nos propomos auxiliar. (todos os grifos aqui são meus) *Finda a nossa transformação transitória, seremos vistos por qualquer dos habitantes desta região menos feliz.* A oração, de agora em diante, deve ser o nosso único fio de comunicação com o Alto, até que eu possa verificar, quando na Crosta, qual o minuto mais adequado de nosso retorno aos dons luminescentes".

— Que interessante! – interveio Onofre.

— Profundo, revelador e belo!

— Continue, Doutor.

— Eu não vou ler o livro todo para você.

— Kardec...

— Kardec se continua e complementa em Chico Xavier, queiram ou não queiram – fiz questão de acentuar, antes de prosseguir. — "Não estamos em cavernas infernais, mas *atingimos grande império de inteligências perversas e atrasadas, anexo aos círculos da Crosta, onde os homens terrestres lhes sofrem permanente influenciação.*"

— "Permanente influenciação"? – inquiriu o companheiro, ao qual deliberara ceder um pouco mais do meu tempo.

— Inclusive – expliquei –, para que os homens não tenham acesso a obras como esta e se informem.

— Chegam a tanto?

— A muito mais! Atuam nos sentimentos das pessoas...

— Dos próprios espíritas? – perguntou, esboçando surpresa.

— Por que não? Atuam, sim, nos sentimentos de certos espíritas, colocando-os indiferentes às obras de Chico. Conheci e conheço muitos que, inclusive pela imprensa, tentam diminuir-lhes o valor; alguns argumentam que a psicografia do grande medianeiro tem forte tendência católica...

— Confesso que a humildade dele me irritava. Kardec é mais cérebro, filosofia, ciência, ao passo que...

— Aí está: Chico é mais coração, não é? Exige da gente a renovação íntima que Kardec não exige tanto?...

— É... – tartamudeou, reticente.

— Equívoco seu! Kardec despojou-se de todos os seus bens materiais... O Espiritismo não é uma ciência de laboratório! Concordo que ele é uma universidade, mas de portas abertas para o povo, sem qualquer processo seletivo subornável. Kardec não era só cérebro, como Chico não era só coração. Certa vez, visitando-me no Sanatório, hospital psiquiátrico que esteve sob a minha direção por mais de 50 anos, em Uberaba, ele me deu uma aula de Psiquiatria – estava mais atualizado do que eu!

— Não teria incorporado Freud, Doutor?

— Só se fosse um Freud bem melhorado.

Os minutos avançavam e, agora, certa percepção psíquica (imaginem, depois de desencarnado, comecei a desenvolver a clariaudiência, em relação aos encarnados!) alertava-me que eu precisava despachar Onofre. Por este motivo, retomei a leitura de "Libertação", concluindo: — *"Passamos a inalar as substâncias espessas que pairavam em derredor, como se o ar fosse constituído de fluidos viscosos"*. Fluido cósmico universal com outra consistência – esclareci, continuando. — "Elói estirou-se ofegante e, não obstante experimentar, por minha vez, asfixiante opressão, busquei padronizar atitudes pela conduta do Instrutor, *que tolerava a metamorfose, silencioso e palidíssimo.*

"Reparei, confundido, que a voluntária integração com os elementos inferiores do plano nos desfigurava enormemente. *Pouco a pouco, sentimo-nos pesados e tive a idéia de que fora, de improviso, religado, de novo, ao corpo de carne...*"

— Deu para entender? – indaguei, impelido por certa aflição, como alguém que, ouvindo o tilintar do telefone, no momento não pode atender.

— Sim, no entanto, persiste a minha dúvida inicial: como posso ir à Terra? Quero estar com os meus e não sei o caminho... Eu deduzia que, aos considerados mortos, a visão dos encarnados fosse instantânea...

— Não é assim com todos, Onofre, a menos que você, em tendo desencarnado, permanecesse por lá, na região da Crosta, imerso em fluidos pesados. O nosso contato com os que deixamos no mundo, em realidade, se unifica com maior frequência através do pensamento e não dos sentidos que se nos localizam no corpo espiritual.

— E o contato deles conosco, dos médiuns, por exemplo?

— É de natureza psíquica, a não ser, é claro, que nos materializemos. Apenas a força do pensamento logra transcender a questão das diferentes dimensões que nos limitam os movimentos; para o pensamento, não existe distância intransponível – é através dele, na prece, que nos comunicamos com Deus e com os espíritos que ascenderam às cumeadas da Evolução.

— É fato, Doutor, a existência de portais, ou passagens, que mais facilmente podem nos conduzir de uma dimensão a outra?

— Digamos que existem, sim, pontos mais suscetíveis, caminhos que nos oferecem menos embaraços, de acesso mais tranquilo às dimensões que nos propomos alcançar. As próprias aeronaves, como os pássaros, se locomovem no espaço em obediência a rotas previamente traçadas; os peixes, aos cardumes, costumam se perder na imensidão do mar, quando, por um motivo ou outro, perdem o senso de direção...

— É verdade; por vezes, baleias encalham em bancos de areia, rente à praia...

— Neste livro – disse, referindo-me ao volume de "Libertação" em minhas mãos –, André Luiz, traduzindo a palavra de Matilde, refere-se a "campos de saída", com esclarecedora nota de rodapé: "A expressão 'campos de saída' define lugares-limites, entre as esferas inferiores e superiores".

E, querendo dar o assunto por encerrado, em face da requisição de natureza mental que persistia, evocando-me, arrematei:

— Os locais onde são construídas as plataformas de lançamento das naves espaciais não são escolhidos aleatoriamente; os cientistas realizam estudos e concluem pelos de melhor visibilidade do firmamento, não tão suscetíveis às alterações de natureza atmosférica – através de complicados cálculos, que incluem, principalmente, a movimentação dos astros, optam por esta ou aquela região ou país, também para a instalação de potentes telescópios de observação do Cosmo.

— O que o senhor, por fim, me aconselha, em meu propósito de...

— ...viajar à Terra? – completei, levantando-me para conduzi-lo até à porta.

— Pelo exposto, trata-se realmente de uma "viagem"...

— Inscreva-se em um dos grupos que, periodicamente, a visitam; não cometa o despautério de querer ir sozinho, pois, como as baleias, você correrá o risco de "encalhar"...

— O senhor me desculpe a arrogância, Doutor – despediu-se Onofre, com sincero aperto de mão.

— Se você não fosse espírita, eu estranharia – respondi, provocativo, deixando-o encabulado.

10

Quando Onofre se retirou, pedi um tempo a Manoel Roberto nas entrevistas agendadas e, voltando para a minha mesa, pus-me em estado de maior recolhimento íntimo, qual um médium que, gradativamente, concedesse passividade à entidade comunicante.

Os apelos que me evocavam a atenção não haviam silenciado. Em linguagem moderna, alguém me convidava para um diálogo *online*. Aquela "voz", cujo timbre característico eu seria capaz de reconhecer entre centenas de outras, pronunciava o meu nome (devo esclarecer que, entre espírito e médium que assumem juntos determinado compromisso de trabalho continuado, o contato telepático praticamente não se interrompe).

— Dr. Inácio, o senhor está me ouvindo? – sentia-me inquirido em expectativa de resposta. — O senhor está atento? Tem acompanhado o desenrolar dos acontecimentos?...

Sem articular palavra, comecei a responder, convicto de que meu pensamento chegaria com nitidez ao destinatário.

— Sim, estou ouvindo; pode falar – respondi, conectando-me, de vez, à mente do interlocutor que me solicitava da Terra.

— O que o senhor tem a me dizer? Necessito de orientação... Devo responder aos ataques de que vem sendo alvo o nosso trabalho mediúnico?

— Responda com silêncio e trabalho.

— O senhor, quando encarnado, não era assim...

— Eram outros os tempos; os nossos opositores, então, não se localizavam intramuros... Mesmo assim, confesso que perdi tempo. Todas as vozes insensatas terminam por emudecer. Não se perturbe, não se deixe perturbar – eis o propósito das trevas que estão se servindo dos companheiros incautos.

— Então?...

— Querem danificar a sua mente, desalentá-lo.

— É uma trama terrível, sórdida, interesseira...

— Isto! Desabafe comigo... Diga a mim o que gostaria de dizer a eles.

— Eu te estouraria os tímpanos!

— Temos bons otorrinos por aqui...

— Por que vocês, os espíritos, não tomam providências?

— Primeiro, porque não podemos e, depois, por absoluta falta de necessidade: cada qual colhe o que planta!

— Disseram que os espíritos estão fazendo desencarnarem os médiuns "fora da linha"...

— Não somos assassinos. Trata-se de um disparate... Ainda há quem acredite nisso por aí?

— O senhor sabe que sim. Já imaginou se, de uma hora para outra, eu viesse a desencarnar?...

— Normal.

— Diriam que teria sido por conta de obsessão...

— A qualquer tempo em que você vier a desencarnar, dirão alguma coisa. Arranje um abafador para os ouvidos... E, depois, meu filho, a única mente não-obsidiada no mundo, até hoje, foi a de Jesus Cristo! Mesmo assim, não por falta de tentação...

— *Tem* gente grande fazendo o que quer...

— Golias, o gigante filisteu, foi derrotado pela Funda de Davi! Minúscula pedrinha na testa...

— Política suja de bastidores, doutor!

— O Movimento Espírita é feito por homens, não por anjos.

— Não têm o menor escrúpulo...

— Lamente-os e, se puder, inclua-os em suas preces. Você tem orado por eles?

— Eu, não!

— Pois, ore. Deseje-lhes tão-somente o bem...

— Queria que desencarnassem...

— Não, pelo amor de Deus, não faça isso; não os transfira para cá... A coisa aqui está regurgitando! Ore para que tenham vida longa no corpo, para que fiquem velhinhos e criem juízo...

— Juízo, Doutor, aos 70, aos 80 de idade?

— Acredite, para muitos espíritos, a antiga chamada esclerose, hoje "mal de Alzheimer", é uma bênção: combate o personalismo arraigado... *Tem* gente que precisa esquecer o próprio nome!

— O senhor enfrenta oposição por aí?

— E como!

— De que jeito lida com ela?

— Não lido. O pessoal do contra peleja para que eu me desvie do objetivo... Oro para que reencarnem! *(sorrisos)*

— Sabe como o definiram dias atrás? — "O Dr. Inácio é o meu antidepressivo preferido!"

— Vou cobrar "royalties"...

— Todos os espíritos são como o senhor?

— Os humanos, sim. A morte, meu filho, é uma porta que a uns conduz ao jardim; a outros, ao fundo do quintal, e aos demais, ao porão.

— O senhor é o Dr. Inácio verdadeiro ou o falso?

— Relutou em fazer esta pergunta, hem? Você já viu alguém falsificar moeda de 50 centavos? Creio que está respondido, não?

— Há quem diga que o senhor fala, mas não explica...

— A explicação, eu mesmo estou procurando. Vocês conseguem explicar tudo o que veem? Em "O Livro dos Espíritos", os Mentores explicaram tudo?

— No caso, a deficiência pode ser do médium?

— Dividamo-la! Eu não sou um espírito onisciente!...

— Rotulam-no até de mistificador...

— Se pudesse, mistificaria... a dor de tanta gente!

— Tem-se avistado com Chico Xavier?

— Uma vez ou outra, ele tem-se avistado conosco – eu não posso ir aonde ele se encontra!

— Nessas ocasiões, conversa com ele sobre o Movimento Espírita?

— Ele prefere conversar sobre Espiritismo.

— O Movimento não o interessa?

— Você sabe que não é o caso; é claro que o interessa, mas as suas preocupações, mesmo quando encarnado, sempre o transcenderam...

— Como vocês fazem Espiritismo por aí?

— Do mesmo modo que o fazíamos na Terra; as necessidades do espírito continuam sendo as mesmas: renovar-se é imprescindível! O resto, creia, é mero detalhe. Por este motivo, como nos costuma dizer Irmão José, "não perca o foco" e não deixe que o subtraiam de você.

— Doutor, a coisa aqui em baixo é fogo!...

— Só começarão a melhorar quando lhes despontarem, nos ombros, pequenas excrescências membranosas...

— "Excrescências membranosas"?

—Asas! Consulte o "Aurélio" com que o presenteei, certa vez.

— O senhor, então, se recorda?

— Como não?! Você aprontou uma choradeira, lá em casa, que não tive alternativa.

— O senhor me emociona...

— Essas coisas compensam, não compensam?

— Se!...

— Não se deixe, pois, afastar por bagatelas. O homem não é mau – é um ser equivocado! O tempo passa e a gente se arrepende de tantas bobagens... Não vale a pena. Apanhe calado!

— Em meu lugar, o senhor apanharia calado?

— Com as vantagens que você possui, apanharia o dobro.

— A luta é desgastante...

— O espírito carece de ser esmerilado.

— Então, "silêncio e trabalho"?

— Se você preferir, "trabalho e silêncio". Esses nossos irmãos terão que aprender a nos aguentar: não se trata de pirraça, é óbvio. Você, na condição de médium, *responde* bem, quando provocado. Eu adoro; a sua cabeça se abre, facilitando o meu trabalho... Mediunidade boa é tocada a chibata.

— *Tem* gente falando que isso é masoquismo.

— Seja o que for. A inspiração nunca procura a quem tem no mundo o seu consolo! Os maiores gênios da Humanidade foram, e são, movidos a dor. Agora, não se trata de buscar sofrer voluntariamente.

— E Jesus?

— Vamos ao Novo Testamento, no Evangelho de Lucas, capítulo 22, versículos 41 a 44: "Ele, por sua vez, se afastou, cerca de um tiro de pedra, e, de joelhos, orava, dizendo: Pai, se queres, passa de mim este cálice; contudo não se faça a minha vontade, e, sim, a tua. Então lhe apareceu um anjo do céu que o confortava. E, estando em agonia, orava mais intensamente. E aconteceu que o seu suor se tornou como gotas de sangue caindo sobre a terra". Se quiser que em meu lugar um anjo do céu venha confortá-lo, que o suor que poreja em sua fronte e as suas lágrimas se transformem em gotas de sangue...

— Satisfaço-me com a sua presença, Doutor, que, aliás, já é muito para mim.

— Eis uma outra qualidade imprescindível ao médium em serviço na Doutrina: aprender depressa!

— É questão de sobrevivência, não é?

— Literalmente.

— Às vezes, confesso, tenho ímpetos de...

— Sempre controle o seu primeiro impulso. Se o homem comum deve contar até 10, o espírita deve contar até 100 e, sendo médium em exercício, até 1.000!

11

Entre nós, espírito e médium, o intercâmbio mais ostensivo estava encerrado, embora, sempre em sintonia, não tivéssemos nos desconectado. O médium, como já tive oportunidade de dizer, vive em estado de prontidão mental, mormente aquele que não se desliga de suas responsabilidades e deveres. O mesmo ocorre conosco, espíritos que nos sentimos ligados às tarefas espirituais que se desenvolvem no orbe e suas adjacências: não nos reintegramos completamente ao Mundo Espiritual, posto nos sentirmos sempre em trânsito entre uma e outra dimensão.

Existem espíritos que, uma vez desencarnados, se desligam e se afastam, demandando outros sítios da Vida Sem Fim. Não se trata de indiferença da parte deles – é que novas atividades lhes requisitam a atenção e lhes absorvem o tempo. Somente de raro em raro, desfrutam da oportunidade de uma visita à Terra. Dá-se o mesmo que acontece com a maioria dos encarnados que vive no mundo, sem cogitar da intensa movimentação espiritual à sua volta.

Assim refletia, quando o abnegado Manoel Roberto solicitou permissão para adentrar o meu gabinete.

— Não seja sempre tão formal! – disse-lhe. — A sua excessiva discrição, às vezes, chega a ser constrangedora... Você sabe que tem inteira liberdade comigo. Não há necessidade que solicite a minha permissão para isto ou aquilo, como se, entre nós, houvesse alguma hierarquia.

— É que – explicou-se com nobreza –, conhecendo as suas múltiplas ocupações, Doutor, não quero incomodá-lo.

— Ah! se todos me incomodassem como você! O que houve, Manoel? Vamos, diga-me. Encerramos por hoje?

— Não, Doutor, temos ainda mais uma consulta agendada, e a paciente já chegou.

— Consulta! – exclamei com um muxoxo. — Isto aqui está mais para confessionário do que para qualquer outra coisa – é tudo, menos consultório médico. Faça-a entrar!

— Eis a ficha da paciente – disse, colocando-a sobre a mesa, enquanto tomava a providência solicitada.

— Maria Rosário dos Anjos – li em moderado tom de voz, fitando a senhora que se acomodara em confortável poltrona à minha frente. — Em que posso servi-la, minha irmã? É a primeira vez que vem a uma consulta comigo, não?

— Sim, Doutor. Segundo uma amiga me disse, o senhor é excelente profissional.

— Exagero da parte dela. O que houve? A senhora se encontra doente?

— O problema é o meu marido. Há muito que o vinha notando arredio, perdendo o gosto de dialogar comigo.

— Aí *tem* coisa...

— *Tem,* Doutor. Conversamos, e ele simplesmente me disse que o amor se acabou... O amor que sentia por mim não existe mais!

— Não creio que, um dia, de fato, ele a tenha amado, pois o amor não se acaba: aumenta!

— A questão é que eu gosto dele...

— A senhora falou *gostar;* amar é mais... A senhora o ama? – perguntei direto.

— Ele me completa.

— Não foi o que perguntei. A senhora o ama? – repeti com um pouco mais de ênfase.

— Eu não saberia viver sem ele...

— A senhora o ama? – perguntei pela terceira vez.

— Para o senhor, o que é amor entre duas pessoas?

— Mais do que simples atração física. Quem verdadeiramente ama só consegue enxergar os olhos da pessoa amada, esquecendo o resto.

— Todo o resto, Doutor?

— Todo!

— Ele nunca me olhou, demoradamente, dentro dos olhos...

— E a senhora?...

— Ele tem lindos olhos azuis!

— Pelos quais se apaixonou – pela cor dos olhos dele?!

— Não só... Cabelos louros encaracolados, um homem alto, forte, charmoso...

— O reprodutor ideal?

— Como?...

— Foi o que a senhora ouviu: o reprodutor ideal?

— Temos dois filhos, lindos como o pai! Ambos estão na Terra... Sabe, Doutor, eu já sou avó. O Hidalgo e eu viemos para cá quase juntos; foram mais de quarenta anos de casamento. Agora, porém...

— Ele quer se separar?

— Imagine, neste Outro Lado, ele não me quer. Alega que cumpriu com o dever de esposo e pai; de fato, ele nunca nos deixou faltar nada... Um excelente chefe de família.

— Não é o bastante para que uma união não se desfaça. O amor é decisivo.

— Eu não sei o que faço. Recomeçar, encontrar uma pessoa diferente... Habituei-me a ele. Peço a sua intercessão. O Hidalgo é o meu arrimo; ele não me sai da cabeça...

— E do seu coração?

— Ele é o pai de meus filhos...

— Não é o bastante.

— Doutor...

— Minha filha, o número de separações matrimoniais neste Outro Lado é maior do que na Terra. Neste sentido, para a maioria, a morte realmente tem o significado de libertação.

— Foi o que Hidalgo me disse: que nós nos suportamos! Ele é um homem gentil, mas não quer mais compromisso comigo.

— Há quanto tempo estão aqui?

— Ele, há 3; eu, há 2 anos...

— Ele chegou a dizer que conheceu outra pessoa?

— Não, e tampouco perguntei. Prefiro ignorar... Por favor, o que o senhor me aconselha? Eu e ele não seríamos almas gêmeas?

— A senhora é espírita?

— Não, mas acredito...

— Acredita em quê, minha filha?

— No Espiritismo.

— E não é espírita?

— O meu avô era médium... Eu fiz a primeira comunhão, casei-me na Igreja, de quando em quando, ia à missa. O meu próprio nome...

— Maria Rosário dos Anjos!

— ...foi em homenagem a Nossa Senhora do Rosário, da qual a minha mãe era devota. A minha irmã chama-se Maria Imaculada dos Anjos; o meu irmão mais velho, João Batista dos Anjos; o caçula, Vicente de Paulo dos Anjos – o meu pai era vicentino.

— Uma família consagrada!

— O que o senhor resolve para mim? – indagou, como se pusesse o seu problema em minhas mãos.

— Ninguém é obrigado a viver com quem não quer – argumentei.

— Ele é que não me quer mais, não eu a ele.

— A senhora o ama? É a quarta vez que lhe faço a mesma pergunta, sem resposta satisfatória.

— Não sei...

— Quem ama sabe e responde sem pestanejar.

— Sabe?, eu amava mesmo era um antigo colega de escola; surgiu o Hidalgo e...

— De família abastada.

— Como é que o senhor sabe?

— Um caso como tantos.

— Fiquei grávida, Doutor!

— Mais comum ainda... Não precisariam, necessariamente, ter-se casado.

— Até o padre entrou no meio...

— Eu sabia que aí *tinha* coisa, nem que fosse batina...

— O senhor parece alheio ao meu drama, Doutor!

— Impressão sua, minha filha. O problema é que, depois de *morto,* não esperava ouvir mais histórias que, em meu consultório, ouvi dezenas de vezes.

— Então, o que me diz?

— É melhor você e o Hidalgo darem um tempo.

— Um tempo?...

— É. Separem-se!

— Mas formamos um casal...

— De forçados! Casamento sem amor não dá certo. Começou errado, termina errado. Se, em mais de quarenta anos, não se amaram... Liberte-o e liberte-se. Talvez, mais adiante... Conheço muitos casais que se separaram e, depois, sem família e sem padre no meio, tornaram a se juntar.

— O senhor, espírita, dando-me um conselho desses...

— O lar não é um ringue – marido e mulher não são boxeadores!

— Não, nós não brigávamos e nem brigamos...

— Apenas não se falam?

— É...

— Casamento sem diálogo é, literalmente, fim de papo. Se vocês estiverem destinados um ao outro, não serei eu a separá-los; aliás, vocês estão separados há muito tempo...

— E o que faço da minha vida? O Hidalgo é tudo para mim...

— Menos esposo.

— Não será um carma, que precisamos vencer?

12

— Maria Rosário dos Anjos, minha filha – continuei –, existem provas voluntárias. Deem graças a Deus, você e o Hidalgo, de serem educados o suficiente para que o casamento de vocês não terminasse em tragédia. Muitos dos que estão internados aqui cometeram suicídio, tornaram-se criminosos, praticaram aborto, à custa de se sentirem pressionados a manter as aparências de uma união conjugal deteriorada.

— O senhor sempre aconselha que casais que não vivem bem se separem?

— Não queira me comprometer; existem casos e casos... Eu só oriento a se separar o casal que já está separado. Vêm aqui, como a senhora – desculpe-me –, para que eu assuma a responsabilidade por eles. Tudo bem, já me acusam de tanta coisa; uma acusação a mais ou a menos não vai fazer diferença...

— Esta é a visão do senhor ou do Espiritismo?

— Creio ser do Espiritismo, minha filha, salvo melhor interpretação dos exegetas.

— "Exegetas"?

— De um pessoal mais versado do que eu...

— Jesus não disse: "Não separe, pois, o homem o que Deus juntou"?

— Disse, "o que Deus juntou"!

— Casamo-nos no religioso...

— Permita-me ler para a senhora o que Allan Kardec escreveu de próprio punho, nas páginas de "O Evangelho Segundo o Espiritismo": *"O divórcio é lei humana que tem por objeto separar legalmente o que já, de fato, está separado. Não é contrário à lei de Deus, pois que apenas reforma o que os homens hão feito e só é aplicável nos casos em que não se levou em conta a lei divina"*. (grifei) Entendeu? – perguntei, penalizando-me de sua situação.

— Entendi – respondeu. — Mas, Doutor, eu estava grávida... Não foi Deus que abençoou a nossa união com aquele filho?

— Todo pai, embora nem sempre com ele concorde, abençoa o filho nos caminhos que escolha percorrer. Deus não decide as coisas por nós... A conquista de experiência é lei da Vida.

— O padre dizia, em seus sermões, que o divórcio destrói a família.

— Esqueçamos o padre, minha irmã. O divórcio, quando necessário protege essencialmente as mulheres que vivem, dentro de casa, subjugadas por verdadeiros déspotas, à guisa de maridos. Conforme lhe disse, conheci de perto o sofrimento de muitas delas, com os sonhos de felicidade afetiva esfacelados. É claro que não generalizo, pois, igualmente, conheci excelentes esposos e pais, homens abnegados que a tudo renunciavam pela felicidade dos seus.

— Ambos, eu e o Hidalgo, casamo-nos muito jovens...

— É o mal da maioria dos casais. Prendem-se, sem amor, um ao outro e, depois, querem liberdade. Os filhos são os que mais sofrem: crescem traumatizados, vão para as drogas, revoltam-se... Muitos, espelhando-se na desventura dos pais, que vivem se atritando em casa, fogem ao compromisso do casamento – não querem para si uma vida semelhante, no que estão certos. Não é só por dificuldade financeira e falta de oportunidade de trabalho que, hoje em dia, os jovens estão hesitando em se casar...

— Doutor, mas não partem daqui compromissados?

Não pude deixar de sorrir, respondendo.

— Isso não é assim, Rosário – chamei-a com um pouco mais de intimidade.

— "Rosário"! – repetiu, emocionando-se. — Era como a minha mãe me tratava...

— Epa! Será que o espírito dela está nos rondando? – gracejei, olhando em torno.

— O senhor tem um jeito todo especial de ser.

— Tenho me esforçado, mas não consigo ser melhor. Não, Rosário, a Terra é, ainda, um campo imenso de experimentações; é um cadinho esfogueante onde, a pouco e pouco, vamos nos forjando... De fato, existem espíritos que renascem e se atraem, por laços de amor ou por correntes de ódio. A maioria, porém, do ponto de vista afetivo, ainda não se fixou.

— Une-se, então, por obra do acaso?

— O acaso, propriamente considerado, não existe. Tudo está previsto na Lei. A maioria une-se na expectativa de encontrar alguém que corresponda aos seus anseios mais íntimos.

— Doutor, eu e o Hidalgo poderemos vir a ser um para outro?

— Tudo é possível; todavia, sem que trabalhem os próprios sentimentos, tal não acontecerá. O amor é descoberta recíproca; manifesta-se através de um olhar, de um simples sorriso... Quem ama se satisfaz apenas em estar na presença da pessoa amada! Amor é cumplicidade – dispensa as palavras e torna os gestos supérfluas expressões de carinho. O amor verdadeiro só pensa em doar-se!

— Eu nunca ouvira tais conceitos. São lindos! O senhor não acha que os casais deveriam se preparar melhor para o matrimônio?

— Sim, acho. O assunto é tão sério, que deveria integrar o currículo das escolas de ensino fundamental, sem estar afeto apenas à religião. Não estou me referindo ao que denominam de educação sexual, que seria, é claro, uma das matérias tratadas.

— É contra a experiência sexual antes do casamento?

— Não, não sou. O que não posso concordar é com a gravidez sem responsabilidade.

— O aborto é preferível à gestação indesejada?

— Os métodos contraconceptivos são preferíveis.

— A Igreja é contra...

— Pelos estudos que efetuo e salvo a opinião dos exegetas, o Espiritismo, não! Não sejamos hipócritas. Não estamos tratando de anjos, mas de criaturas humanas que somos. As tribunas e a literatura espíritas estão repletas de quem prega moral... para os outros! Para os filhos dos outros, para os netos dos outros... Ora, quão distantes estamos do relacionamento ideal entre as criaturas! Ninguém se educa da noite para o dia. O progresso é lento.

— Então, é a favor de um casal de jovens se conhecer primeiro, antes...

— ...antes que pense em constituir um lar e pôr filhos no mundo!

— E se a filha for do senhor?

— Qual é a diferença? Que preconceito mais tolo! O espírito não tem sexo. E, digo-lhe mais: hoje em dia, os rapazes estão sendo mais dignos de piedade do que as moças. A sociedade, aos poucos, está deixando de ser machista por incompetência dos machos. Ou seja: as mulheres, antes consideradas do sexo frágil, estão se mostrando mais corajosas, aplicadas, éticas, coerentes... Tomara que venham a governar o mundo! Na colmeia, os operários são meros figurantes, vivendo em função da rainha; os leões chegam a matar os próprios filhotes, enciumados do amor das leoas por eles... Por este motivo e outros, eu acredito que Deus seja mais Mãe do que Pai!

— Jesus o chama de "Pai"...

— Você já imaginou se Ele tivesse chamado Jeová, o Senhor dos Exércitos, de "Mãe"?! Ele não teria pregado o Evangelho. Os fariseus haveriam de crucificá-Lo, não uma única vez, mas mil!...

— É impressionante como o senhor, sendo homem, defende as mulheres...

— E, creia, sem intenção nenhuma ou... de algo ocultar. O meu pai foi um homem muito bom, mas, na minha formação, ele quase que só entrou com o espermatozóide... À minha mãe eu devo quase tudo – a parte melhor que em mim existe veio dela!

— Estou mais confortada – disse Rosário, num suspiro.

— Dê um tempo, minha filha. Deixe o Hidalgo passear e, enquanto isto, esmere-se em ser mulher, mãe, irmã, companheira...

— E se eu me interessar por outro?

— Se o interesse for mútuo, ótimo! Mas acautele-se: amor não é sentimento de superfície, não é paixão...

— O senhor acha que a amizade é importante para o amor?

— Do amor de que estamos falando, sim, e do outro também – que se escreve com *A* maiúsculo!

— O que acha de uma mulher que gosta de um homem que não gosta dela?

— Miopia...

— Idiotia?

— Não, minha filha, miopia! Vamos, de novo, ao dicionário: "Vício de refração em que os raios luminosos entram paralelamente ao eixo óptico, sendo levados adiante da retina, e no qual se veem apenas, claramente, os objetos próximos". Quer dizer: com tanto homem no mundo, a mulher só enxerga aquele... Não existe isso de *fulano* ser único, não!

— Eu estava precisando ouvir isso tudo...

— Liberte-se, Rosário! Que você encontre o seu fidalgo (fiz um trocadilho proposital, com o nome de seu ex...-marido, não sei) para sempre, é o que sinceramente lhe desejo. Tanto o homem quanto a mulher necessitam de motivação para viver... Enquanto não pudermos amar a Jesus Cristo, amando-nos uns aos outros, amemo-nos uns aos outros, amando a Jesus Cristo!

Rosário agradeceu-me e, quando atravessou a porta do consultório para fora, deu-me a impressão de ser uma outra mulher.

— "Que seja eterno enquanto dure" – repeti o Poeta, murmurando baixinho.

13

Naquela semana, receberíamos a visita de Adroaldo Modesto Gil, médico de grande competência e companheiro de lides doutrinárias, que estaria conosco proferindo palestra para os colaboradores do Hospital, incluindo a participação dos doentes melhores.

Adroaldo, que tem cooperado conosco, foi convidado a integrar avançada equipe de estudos psiquiátricos no Mais Além, coordenada pelo Dr. Jayme Cervino, objetivando, de futuro, promover a reencarnação de diversos de seus componentes, impulsionando a Psiquiatria na Terra, afastando-a, de vez, da influência materialista.

Cumprimentamo-nos efusivamente, no amplo salão em que o recepcionamos, na companhia de Modesta, Odilon, Paulino Garcia, Sebastião Carmelita, Manoel Roberto, dentre outros médicos e inúmeros estagiários.

Rejuvenescido, porém maduro em sua aparência exterior, Adroaldo era o retrato da serenidade. Simples como sempre o conhecemos, assomou a tribuna e começou a falar sem afetação.

(O que abaixo reproduzo, trata-se tão-somente de uma síntese dos principais tópicos abordados em sua conferência.)

— "Meus irmãos – principiou a dizer –, precisamos envidar esforços, todos os esforços possíveis, no sentido de despertar o espírito de sua apatia e indiferença, em relação ao seu futuro espiritual.

"Assim me refiro, pensando, principalmente, nos nossos irmãos que mourejam na carne, que, adeptos desta ou daquela religião, não se compenetram de seus deveres, tanto no que tange à renovação íntima, proposta por todas elas, quanto na construção do Mundo Melhor, que todos esperam, mas pelo qual poucos fazem algo de efetivo.

"Preocupam-nos os que, em grande número – a esmagadora maioria! –, se encontram corporificados no Planeta, vivendo sem aspiração de ordem superior, atentos exclusivamente à luta pela sobrevivência no corpo, esquecidos da transitoriedade da vida física.

"Constituindo-se em poderosa influência do meio, costumam anular, com o seu descaso, consciente em uns e inconsciente em outros, o empenho incipiente daqueles que ainda não aprenderam a se sobrepor às adversidades morais de um mundo de provas e expiações. Carecemos, assim, de continuar na tarefa de motivá-los, para que não olvidem os compromissos de ordem espiritual, cedendo a interesses de natureza imediata que lhes sufocam o ideal.

"Muito dificilmente, as religiões tradicionais se revitalizarão, as que possuem um contingente maior de adeptos habituados, por elas mesmas, à lei do menor esforço. Não há tempo a perder... Através dos recursos ao nosso alcance, precisamos sensibilizar os companheiros espíritas para que não se esqueçam da importância do exemplo no momento que passa!

"A difusão de nossos princípios, através, principalmente, do livro, é de suma importância, todavia, de uns tempos a esta parte, muitos de nossos irmãos, engalfinhando-se em disputas estéreis, ambicionando transitório poder e supremacia, têm olvidado que somos chamados ao testemunho da fé, notadamente através da vivência, único argumento que o materialismo não poderá refutar.

"Somente pela atitude correta e coerente conseguiremos tocar aqueles que "dormem", devolvendo-lhes a confiança perdida na religião, que, durante séculos, se transformou em instrumento de exploração e de opressão. Os que remanescem nos templos religiosos, que, gradativamente, se esvaziam, se mostram alheios aos apelos da crença, qual se entre eles e a própria fé os ministros religiosos tivessem cavado profundo e intransponível abismo.

"Temos, periodicamente, em todo o Orbe, visitado os nossos irmãos na carne, avaliando-lhes a sensibilidade, e, lamentavelmente, verificamos uma apatia quase coletiva, como se o homem, em termos espirituais, não mais alimentasse qualquer perspectiva em relação ao futuro e, em consequência, às promessas efetuadas pela religião. É óbvio que não podemos generalizar, de vez que reduzido número permanece nas trincheiras da fé, resistindo às estocadas do mal, em que, de todas as maneiras, o sincero adepto do Evangelho se vê experimentado, vertendo copiosas lágrimas e abundante suor a fim de perseverar com o Senhor.

"Não, não podemos generalizar, todavia, mesmo entre aqueles que resistem, as trevas têm-se infiltrado, fragilizando os incautos que, no mínimo, se retraem, acomodando-se em suas atividades rotineiras, com reais prejuízos para a qualidade do trabalho que desenvolvem.

"O assunto é complexo e delicado. A tática dos adversários invisíveis da Doutrina, que possuem agentes corporificados na Terra, é a de desestabilizar os companheiros, suscitando dúvidas e questionamentos, desviando-lhes a atenção do labor sob a sua responsabilidade direta. De muitos deles, temos ouvido, telepaticamente: — "Será que vale a pena?"; "O melhor a fazer é reduzir as minhas tarefas, evitando tanta exposição à crítica"; "Não quero mais assumir compromissos, com prejuízo financeiro a mim e à minha família"; "Não posso fazer além do que faço"; "Mediunidade é fardo pesado demais"...

"Os espíritas, nossos irmãos, necessitam, com a urgência possível, compreender que o conflito que se estende em nossos arraiais doutrinários é desperdício de energia solapando, pela base, os alicerces do trabalho de construção da Nova Era. Se o Espiritismo, em 150 anos de Codificação, progrediu consideravelmente, isto se deve, sem dúvida, à excelência da Mensagem que veicula, mas também, em igual proporção, aos exemplos de seus pioneiros. Com a bandeira da Reencarnação, mas sem o estandarte da Caridade, o Espiritismo dificilmente avançaria, ocupando os espaços que hoje ocupa!

"Os espíritos apáticos e indiferentes que se encontram no orbe, exibindo o desalento que os acomete em seus traços fisionômicos, estão exaustos de palavras vazias; o seu próprio carma, acreditem, não lhes pesa quanto lhes pesa no coração a tristeza por constatarem as incoerências dos pastores de suas crenças. Somente porque ainda esperam em Jesus Cristo é que não se afastaram, em debandada geral, dos caminhos da religião.

"Meus irmãos – prosseguiu Adroaldo, sem altear o tom da voz –, espíritos existem que, infelizmente, há séculos entram e saem do corpo com diminuto aproveitamento das experiências que vivenciam na carne. Precisamos modificar este cenário. O mundo atual nunca se viu tão necessitado de apóstolos quanto agora. Não estamos, é claro, nos referindo a espíritos de moral irrepreensível, mas a companheiros de boa vontade – de extrema boa vontade! – dispostos a se redimirem pelas bênçãos do trabalho, no esforço perseverante de renovação. O exemplo isolado de alguém vale por muitos compêndios de sabedoria! O Espiritismo, na revivescência do Evangelho, não está tanto a carecer de médiuns na produção deste ou daquele fenômeno para os olhos dos cépticos... Não há mais sublime intermediação entre o Céu e a Terra que a do amor! Os homens têm reclamado a presença de intérpretes fiéis entre os Dois Planos da Vida, todavia um século e meio de Espiritismo já foram suficientes para nos mostrar que o "fator exemplo" deve vir em primeiro lugar, sob pena de não assimilarmos a essência das lições com que somos beneficiados.

"Por este motivo e tantos outros, cabe aos espíritas na atualidade a preocupação com a sua melhoria interior – a pregação pelo exemplo, que não se restrinja à palavra brilhante e erudita que ressoa da tribuna.

"Por séculos e séculos, temos pregado o Evangelho aos outros e não a nós, sendo condescendentes em excesso para com as próprias mazelas – absolvemos em nós o que recriminamos em nossos semelhantes! Eis a Verdade, para quem deseja contemplar-lhe a luz sem subterfúgios. Os próximos lustros, ao que estamos informados por Instrutores domiciliados em Dimensões Superiores, deverão ser os da consolidação da Doutrina no coração das criaturas! Agora, tão-somente para o exemplo, ainda haverá lugar e credibilidade no campo da religião. Assistiremos, doravante, o derruir de antigos e modernos mitos, com escândalos que, cada vez mais, haverão de ser explorados pela imprensa sensacionalista e punidos pela justiça. De fato, no plano individual e coletivo, não ficará pedra sobre pedra... A Justiça Divina sempre intervém nos lances decisivos da História. Engana-se quem imagina que o Criador relega a Criação à mercê da criatura... Para me servir de uma expressão muito usual na Terra, "coloquem-se as barbas de molho"!

"Deus permanece agindo, através de suas Leis Indefectíveis. A insensatez humana não ficará sem consequência. A Terra não é uma nau à deriva... O Senhor permanece de mãos firmes no leme e, se aparenta ceder às vergastas das ondas bravias e revoltas que ameaçam a embarcação terrestre de naufrágio, haverá de conduzi-la em segurança à sua alta destinação.

"Os Espíritos Superiores, de modo ininterrupto, oficiam para que a Humanidade se liberte de tantas ilusões, preconceitos e fanatismos. Façamos a parte que nos compete e nos contaremos entre os bem-aventurados que herdarão a Terra do Terceiro Milênio, que apenas começa. Em todas as áreas de atuação, o Senhor espera pelo nosso contributo de luz, para que as trevas se dissipem da psicosfera da mente humana, entorpecida e sugestionada por elas, que a mantêm em férreo cativeiro de ignorância.

"Que os apáticos e os indiferentes despertem, pois, pela nossa determinação no Bem, que, igualmente, nos preservará de qualquer retrocesso ao que fomos e, de certa maneira, ainda somos!..."

14

— E nós ainda aqui, Adroaldo – comentei, ao me aproximar para abraçá-lo –, discutindo humanos problemas, como se humanos não fôssemos! Belíssimo enfoque o seu, e oportuno!

— Mais que oportuno – observou Odilon, igualmente abraçando o valoroso companheiro, que, conosco, entrou em animada conversação.

— Velho discurso, com novas palavras – replicou com a humildade que o caracteriza.

— Que seja – disse –; todavia, de tanto ouvi-lo, quem sabe, um dia, acabemos por assimilá-lo por *osmose,* já que não nos decidimos a descerrar-lhe as portas do coração...

— Do coração e da inteligência, doutor – emendou Odilon, argumentando em seguida. — Eu não sei se vocês concordam, mas a aceitação do Evangelho é também uma questão de inteligência. Quanto tempo que melhor poderia ser aproveitado pelo espírito, na encarnação! É um contras-senso, mas o homem, de hábito tão prático em levar vantagem, efetua cálculos contra si mesmo...

— Sei aonde você quer chegar, Odilon, e concordo plenamente; aliás, nunca tive como discordar de você e duvido que alguém o tenha. Dentro da lógica de seu raciocínio, deixe-me citar um só exemplo: a questão do perdão... Quantos embaraços reencarnatórios, porque o homem não consegue se liberar da mágoa que, inadvertidamente, alguém lhe provoca.

— É fato, Doutor – concordou Adroaldo, de imediato. — Preciso confessar uma coisa. Um pouco antes de meu desenlace, meditava, certa tarde, em minha casa, sobre as lutas que, praticamente, a vida inteira eu havia enfrentado – na esfera profissional e no campo doutrinário...

— Você foi muito injustiçado – falei, com certo entono de tristeza.

— Pois é aonde quero chegar: eu estava pensando assim, naquela tarde, com um sentimento de autopiedade apossando-se de mim, gradativamente. Foi quando, vindo em meu socorro, inarticulada voz começou a falar-me com meridiana clareza: — "Adroaldo, meu filho, isto ainda são resquícios de vaidade dentro de você... Jamais se coloque na condição de vítima – não se penalize tanto de si mesmo! Quantas vezes você terá ficado assim tão introspectivo e aborrecido por conta do sofrimento alheio? Quem lhe garante que você não merece, e necessita, passar pelo que está passando? O nosso amor-próprio carece de ser espezinhado, até que se aniquile de uma vez por todas..."

— Meu Deus! – exclamei. — E a "voz" continuou?

— Continuou, Doutor, como se, de repente, a faculdade mediúnica da clariaudiência se me houvesse desabrochado. — "Adroaldo, com os conhecimentos que o seu espírito acumula, era para que você se envergonhasse. Ninguém sofre sem justa razão de ser. A única vítima inocente sobre a Terra foi Jesus Cristo! A Quem você está se comparando, hem!..."

— Nossa! Que golpe! – brinquei, contorcendo-me, como se tivesse sido golpeado diretamente no fígado.

— Foi uma bênção para que eu não desencarnasse iludido a meu próprio respeito. Em um átimo, compreendi tudo e sustei as lágrimas de compaixão que estava prestes a derramar por mim mesmo.

— Uma bênção, Adroaldo, para a qual, infelizmente, muita gente não tem visão – concordou Odilon.

— Tive ímpeto de pedir perdão àqueles que me haviam agredido... E mais: naquele instante, concluí que, caso tivesse pensado diferente sobre as ofensas recebidas a vida inteira, eu não teria adoecido, com frequência, por causa delas! Sim, porque, somatizando, o ressentimento, a idéia de perseguição, enfim, a ingratidão de que nos consideramos alvo, adoecemos o corpo que nos serve por instrumento de manifestação.

— Conheci muita gente – observei – que se deprimia, porque não se sentia, na família e na sociedade, reconhecida pelos seus esforços.

— Por isso – aparteou Odilon –, que o desapego ensinado por Jesus é importante: não significa desapegarmo-nos apenas das coisas da vida material.

— Precisamos sempre pensar que, por mais façamos, estamos "operando no vermelho"...

— Correto, Doutor – redarguiu Adroaldo, retomando a palavra –; foi o que depreendi naquele momento de angústia, em que estava me sentindo o mais infeliz dos homens... A "voz" me subtraiu o falso chão de apoio e, em vez de precipitar-me no abismo, ofereceu-me segura escora para os pés! Foi como se despertasse de um transe a que, voluntariamente, tivesse me induzido através de sistemáticos pensamentos. Sim, porque tendemos a viver conforme pensamos, girando ao redor daquele universo de ideias, a que podemos nos prender por muito tempo.

O correto companheiro efetuou ligeira pausa e prosseguiu:

— Talvez, naquela hora, eu estivesse sendo "compensado", sem merecer... A "voz" exortava-me: — "Levante-se e vá à luta! As experiências que você está adquirindo na presente romagem física é tesouro de incalculável valor para o espírito. O que esperava ou espera: aplauso? reconhecimento? frívolas honrarias mundanas?..." Ah, se pudesse, naquele instante, retroceder e começar tudo de novo!...

— Adroaldo – indaguei, sincero –, o que sobra para mim? Estou lhe perguntando sem o propósito de autopiedade...

Ele sorriu e respondeu:

— Só sei, Doutor, o que sobrou para mim.

— Por mais de uma vez – continuei agora sério –, escutei Chico Xavier dizer que as pessoas dramatizam em excesso a própria dor... Sentimo-nos injustiçados, colhendo os espinhos que semeamos e vítimas de ingratidão, por não colhermos os frutos que não plantamos!

— O que o senhor comentou sobre os embaraços reencarnatórios, devido à mágoa... Como é difícil alijar do coração o sentimento de animosidade! Tal desafio era o problema de todo dia em meu consultório e, neste Outro Lado, prossegue sendo...

— ...uma calamidade! – emendei, meneando a cabeça.

— É sofrimento voluntário – redarguiu, justificando. — Se nos mostrássemos dispostos a esquecer e perdoar... Como considerou o Dr. Odilon, o perdão é também caso de inteligência, de vez que quem não procura ser indulgente, arrasta consigo padecimentos perfeitamente evitáveis. Por vezes, ponho-me a meditar no exemplo de Jesus, no momento do Calvário. Não sei se concordam. O Mestre era um Espírito completamente destituído de carma; ao que estamos informados, fez Ele a sua evolução em outros orbes do Universo, atingindo a condição de Espírito Puro, em perfeita comunhão com o Pai. Todavia, se não nos tivesse perdoado pelos sofrimentos imerecidos e injustos que

Lhe impingimos na hora da cruz, se conservasse o menor traço de ressentimento no coração, estabeleceria um vínculo com a Humanidade, não de afeto, mas de mágoa. Perdoando-nos, Ele se liberava de qualquer constrangimento de ordem espiritual, permanecendo livre em suas futuras ações. Não sei se estou sendo claro.

— É uma visão interessante – concordei. — De fato, existem espíritos que, por assim dizer, acabam por se comprometer, quando já se encontravam praticamente emancipados de suas lutas na Terra. Lembro-me de Alcíone, no livro "Renúncia", da lavra mediúnica de Chico Xavier, quando é advertida por Antênio com quem dialoga solicitando permissão para voltar às lides do mundo, em socorro a Pólux. Em determinado trecho, o Benfeitor Espiritual pondera: "Sentes-te bastante forte para assumir tão grave compromisso? *Conheço numerosos irmãos que, depois de pedirem missões arriscadas como esta, voltaram onerados de mil problemas a resolver, retardando assim preciosas aquisições*". (grifei)

— Esclareçamos – interveio Odilon – que não se trata de um retrocesso do espírito, que, em nenhuma hipótese, retrograda. O espírito, onde estiver, será sempre o resultado das conquistas intelecto-morais alicerçadas nele.

— Semelhante ao pássaro que, arriscando voar mais alto, sem considerar a fragilidade das próprias asas para correntes aéreas mais fortes, que obviamente não domina, volve ao patamar onde se sente em segurança – observei.

— Exatamente, Doutor – concordou Adroaldo. — Os que não perdoam, embora certamente menos responsáveis que os agressores, adquirem determinado sentimento de culpa, por agirem em desacordo com a consciência. O exercício do perdão se traduz em saúde para o corpo e paz para o espírito!

E, após breve interrupção, continuou:

— Ressaltemos, por outro lado, que, sendo, sim, uma questão de inteligência, o ato de perdoar necessita da chancela do coração. Nenhuma virtude se estrutura em cálculos de matemática. Quando o Mestre nos exorta a perdoar setenta vezes sete, Ele nos conclama ao exercício do perdão...

— O que significa dizer – falei: ninguém aprende a perdoar, se não perdoar todo dia! Pobres de nós – gracejei –, que estamos fadados a viver de coração escancarado!...

Odilon e Adroaldo sorriram, e concluí:

— Emmanuel, por Chico Xavier, dizia que é *setenta vezes sete cada ofensa...* (grifei) É mais fácil a gente não se considerar ofendido por nada e por ninguém – receber um tapa no rosto e... achar graça!

15

— É apanhar – continuei – e... achar bom, pedindo para apanhar mais.

— Doutor – atalhou Odilon –, eu sei que o senhor está brincando, mas é mais ou menos por aí...

— Mais ou menos, não: é por aí mesmo! Eu não sei conjugar o verbo *rodear,* principalmente no presente do indicativo: "Eu rodeio"... A verdade é esta e não nos resta saída: perdoar sempre a tudo e a todos, a qualquer hora do dia ou da noite e de coração inteiro! Se nos ficar uma nesga de mágoa, não é perdão; um ressentimentozinho não é perdão; uma queixa, por menor que seja, não é perdão... É o que disse: o melhor é a gente não se considerar ofendido... A pessoa bate na gente e a gente agradece: — "Muito obrigado por você ter me espancado! Eu estava mesmo precisando de uma surra..."

— Ora, não exagere, doutor.

— Você sabe que eu não sou de exagerar, Odilon. Quem não quiser complicação, voltar à Terra por conta de inimigo, trate de ir perdoando; caso contrário, mergulhará de cabeça naquele monte de carne, que é o corpo, para viver um caso de amor com o seu desafeto... Outra coisa: quem não perdoa, pira... E, ficando doente, vai ao médico, que arranja um punhado de nomes complicados para a sua doença: angústia, depressão, psicose, síndrome disto ou daquilo... A pessoa não sabe, mas o problema é falta de perdão. Os obsessores ficam em volta dela, suplicando indulgência... Por aqui, *está cheio* de espírito que não consegue dar um passo adiante. Por quê? Relacionamento pendente na retaguarda! É um tal de querer renascer filho de pais inimigos, e vice-versa. Quando os pais querem, o espírito não quer... É um vai-não-vai, quero-não-quero. Deus meu! Com um pouco mais de amor, a gente resolveria metade dos problemas cármicos da Humanidade... Então – meus caros Adroaldo e Odilon –, vocês me desculpem a franqueza: não perdoar é uma enrascada danada! No meu caso, como sei que ainda tenho certa tendência para revidar chute na canela, quando alguém me escoiceia, procuro nem saber o nome, que é para não vibrar – não quero saber da fofoca e, muito menos, do fofoqueiro... Assim fica mais fácil. Porque se fico sabendo o nome do autor da maldade – pelo menos, é o que acontece comigo –, a vontade que tenho é a de costurar o nome dele na boca de um sapo, acendendo uma vela sobre a sua cabeça...

— Doutor...

— Calma, Odilon, estou "em transe" – expliquei.

— "Em transe"? – perguntou Adroaldo, sorrindo.

— É, eu sou "médium tradutor" do que a maioria sente, mas não fala...

— A maioria?...

— Dos espíritas mesmo, Adroaldo, nossos irmãos que não fazem, mas pensam... Existem exceções; todavia, se pudéssemos auscultar os pensamentos uns dos outros – se todos os nossos pensamentos tomassem forma, o mundo seria um zoológico dos mais bizarros: dinossauros, dragões, crocodilos, serpentes monstruosas...

— Interessante: "médium tradutor"... Nunca li nada parecido na Codificação.

— É mediunidade moderna...

Odilon não se continha, a sorrir.

— Este Dr. Inácio! De repente, ele...

— Concedo passividade, "incorporo", como um médium mais ou menos evangelizado. O pessoal acha, Adroaldo, que todo espírito que escreve para a Terra é santo... Ora, faça-me o favor! O médium, nem o espírito é santo. Quanto a médium, a única exceção que faço é Chico Xavier – não de santidade, mas de quem está muitos anos-luz à nossa frente. O resto, onde me incluo, está mais ou menos ali, ó: emparelhado! Certo que nem me nivelo com você e o Odilon...

— Não nos nivelamos mesmo, Doutor; o senhor...

— Eu sou um espírito baixo, no tamanho e na evolução. Quem quiser me aceitar na condição em que me apresento, ótimo; quem não quiser, que procure a sua turma... A hipocrisia no Movimento Espírita anda demais: é um tal de médium falar macio, parecendo padre... Vamos usar menos maquiagem na cara. Jesus quer que sejamos cordeiros por fora e por dentro! A caiação de sepulcro não tem fim... Chico dizia o seguinte: — "O Senhor quer que sejamos bons; bonzinhos, não, porque o bonzinho é bobo..." Chico era muito discreto: o bonzinho não é bobo nada – é muito esperto, isto sim! *Está cheio* de médium espertalhão por aí... Até rima com "medalhão"!

— Doutor...

— Odilon, estou mentindo?

— Não.

— Então, por favor, permita-me concluir. Estou mentindo, Adroaldo? – perguntei ao companheiro.

— Infelizmente, não – respondeu.

— Prosseguindo, pois, em meu papel de "médium tradutor" da indignação de gente sincera, falo mais: a mistificação, tão propalada, é mais dos médiuns que dos espíritos... O espírito bem intencionado quase que não está mais encontrando médium para trabalhar! Vaidade, personalismo, poder, dinheiro... A coisa está feia! *Tem* quem diga que sou muito duro com os espíritas, que pego pesado, coisa e tal. A maioria, no entanto, não pensa assim: dá-me razão. Se ninguém quer fazer o papel de "advogado do diabo", eu faço... O que não pode é continuar com esse misticismo, esse fanatismo, essa idolatria barata. Espiritismo é coisa séria! Quanta política de bastidor, quando centro espírita nem bastidor tem... Sejamos mais coerentes. Dentro em breve, a chamada "foiçuda" há de trazer essa turma toda para cá – dentro de muito breve! E, escutem: espírita de nariz na testa vai se dar muito mal! É melhor chegar por aqui com a cauda entremeio às pernas ou de cerviz curvada, à escolha do candidato.

E, desejando dar um enfoque médico ao assunto, ajuntei:

— As patologias mentais, todas elas, não surgem de graça. Podemos, sim, debitar uma cefaleia, até mesmo uma disritmia leve, etc., à conta de imperfeição da matéria; vivemos em planos em que até a matéria está procurando se acertar – o corpo humano está longe de atingir o auge, por exemplo, da imunização aos inúmeros achaques que o acometem, mormente a partir de certa idade... Artrose não é carma; varizes não são carma; boca desdentada não é, necessariamente, carma; rugas e estrias não são carma – pelo menos, não, nos que nunca foram assim tão vaidosos... Essas coisas, em geral, acontecem devido à *desmaterialização gradativa,* que culmina com o desenlace. Agora, uma disfunção cerebral de média a séria gravidade... As enfermidades psíquicas, oriundas de quadros obsessivos, ou não, têm causas mais profundas no tempo: é falta de perdão, ódio, pensamento centrado no mal, tormento infligido aos outros, egoísmo, suicídio, crimes perpetrados...

— Doutor – observou Adroaldo –, o senhor falou em egoísmo; na minha opinião, o doente mental, que, não raro, nos inspira tanta compaixão...

— Meu caro, certas palavras não ficarão bem em sua boca; deixe-me dizê-las – solicitei. — Inspira-nos, sim, muita compaixão quem sofre de um desequilíbrio dito irreversível, como, por exemplo, uma criança na prova da excepcionalidade – corta-nos o coração. Todavia, se formos vasculhar o passado dela... Quem possuirá autoridade bastante para atirar a primeira pedra? Em sã consciência, não há quem possa fazê-lo, em nenhum dos Dois Planos da Vida; entretanto, pela equanimidade da Lei, estamos convictos de que ninguém sofre sem justa razão de ser. O egoísmo pode ser comparado à célula maligna que, se não erradicada, se transforma em tumor e apresenta metástases as mais variadas. Cresce tanto, que o *ego* engole o *eu*... E, como ninguém consegue viver a sós, encapsulado, sem se importar com nada à sua volta, adoece – adoece sem perceber! Vai descendo, degrau a degrau, a escada para o fundo do abismo, onde, por fim, se descobre... Em esmagadora maioria, os conflitos existenciais da criatura são decorrentes da egolatria: alguém que não retribuiu afeto, que não quis renunciar, que nunca soube o que é sacrifício pela felicidade alheia... De repente, a insegurança, o medo, a insônia, a opressão, o pesadelo, o desânimo, a falta de motivação para viver. Se os psiquiatras se dedicassem a tratar do egoísmo de seus pacientes, poderiam até errar no varejo, mas acertariam no atacado. E aqui vai uma dica aos colegas: na falta de diagnóstico mais preciso, tratem do egoísmo do doente! Não lhes prescrevam medicamentos que apenas os tornarão mais ensimesmados – ponham-nos para trabalhar como voluntários numa obra assistencial. No máximo, o que poderá ocorrer é perderem o cliente; sim, porque *tem* doente que "gosta" da doença que tem... *Tem* pessoas que não saberiam preencher os seus dias sem "aquela" dor, "aquela" queixa, "aquelas" olheiras que chamam a atenção de todo o mundo – *tem* doente que, se curado, fica mais doente ainda! A Caridade é multi-medicamento de primeiríssima geração, que vale por uma farmácia inteira! E não custa nada – arrematei com entusiasmo.

— Agora, o senhor exagerou – retrucou Adroaldo.

— No que disse?

— Não; no "preço" do medicamento... É a minha única ressalva.

— Eu sei, mas também não vamos assustar tanto os nossos irmãos, não é, Odilon? – perguntei, com uma piscadela.

16

Sem pressa, Adroaldo ainda se dispôs a conversar com outros companheiros, entre os quais nossa Maria Modesto Cravo, de quem havia sido aparentado pelos laços da consaguinidade.

Evidenciando o seu profundo respeito ao trabalho que a devotada medianeira desenvolvera, o médico a cumprimentou, iniciando, em forma de entrevista, interessante diálogo que tive oportunidade de registrar.

— D. Modesta, de há muito desejo lhe perguntar: Como a senhora se sentia na condição de intérprete entre os Dois Planos da Vida? Faço-lhe semelhante pergunta, por ter sido um estudioso da luta dos pioneiros da Doutrina em Uberaba. Se era difícil para o homem, para a mulher...

— De fato, tinha que me defrontar com duplo preconceito, por ser mulher e por ser médium; o Espiritismo, no entanto, nos fornece subsídios para não recuarmos diante de convencionalismos transitórios...

Intelectualmente, sempre me senti livre para pensar como desejo – uma *força* dentro de mim me impelia, e me impele, a fazer o que devo, sem dar satisfação ao moralismo conservador. E, depois, sempre contei com o apoio de meu esposo e de meus filhos, o que, na essência, era o que interessava. Todavia, mesmo que não me apoiassem, nada me teria feito retroceder. Em pouco tempo, a Doutrina fez por mim o que, nem em muito tempo de serviço, serei capaz de retribuir.

— A senhora transformou a própria residência...

— Em um centro espírita, o Ponto Espírita "Bezerra de Menezes", onde nos reuníamos para mediunidade e caridade; sim, porque eu não entendo Espiritismo sem caridade... Devo muito aos amigos da primeira hora, que, incondicionalmente, perfilaram conosco: ao meu pai, João Modesto dos Santos, que tomara a iniciativa de me levar a Sacramento, para que, naquele período de perturbação, motivado pelo eclodir de minhas faculdades, eu me avistasse com Eurípedes Barsanulfo, nosso Mentor; ao Dr. Henrique von Krüger Schröder, médico humanitário a quem a cidade de Uberaba muito ficou devendo; ao Nestor Cravo, o esposo, que sempre esteve ao meu lado e me proporcionou a alegria de ser mãe de sete filhos; ao próprio Dr. Inácio Ferreira, amigo e protetor nas horas mais difíceis...

— E como surgiu a ideia de se fundar o Sanatório?

— Os obsidiados, Adroaldo, nos procuravam em grande número. Por nosso intermédio, o Dr. Bezerra de

Menezes ponderou quanto à necessidade da construção do que, de início, seria um Asilo de Dementes, conforme nós o denominávamos. Em 6 de dezembro de 1928, lançamos a pedra fundamental e, em 31 de dezembro de 1933, inauguramos a obra. O Manoel Roberto, igualmente, sempre esteve conosco, na condição de Enfermeiro-Chefe. Contamos, ainda, com o prestimoso auxílio, inclusive financeiro, de Abdon Alonso y Alonso, e tantos outros que nos encaminhavam a sua significativa contribuição, merecendo destaque o nome de Henrique Castejón, benemérito industrial espírita.

— O que me diz de sua experiência como médium?

— Para mim, sem dúvida, foi a mais enriquecedora de todas as que vivenciei, ao longo de minhas múltiplas experiências reencarnatórias. Não há nada que se lhe compare. O médium, quando consciente de seus deveres, participa, ao mesmo tempo, das duas realidades – a física e a extrafísica. Trata-se de uma oportunidade única de autoconhecimento. A sensação de estar trabalhando, em nome de Jesus, na construção do Reino de Deus sobre a Terra é indescritível e compensa todos os dissabores.

— O que, de modo geral, os espíritos a aconselhavam?

— Perseverança e trabalho, aliados à indispensável atitude de silêncio diante das agressões. Tínhamos, por vezes, como você não ignora, as nossas casas apedrejadas...

— Discutiam, polemizavam entre si?

— Não; isto é coisa de agora... Não podíamos nos dispersar, meu filho – éramos poucos e precisávamos estar unidos. Orávamos uns pelos outros, relegando a plano secundário possíveis arengas doutrinárias. Os nossos adversários, da Causa, graças a Deus, não nos concediam trégua. Os nossos filhos e sobrinhos eram, muitas vezes, humilhados pelos colegas na escola... Foram dias difíceis, mas de profunda alegria.

— Quais os espíritos que mais comumente se manifestavam por seu intermédio?

— Inúmeros companheiros anônimos vinham nos encorajar; no entanto, dentre os que se identificavam com maior frequência estava o Dr. Bezerra de Menezes, Eurípedes Barsanulfo, Bittencourt Sampaio, Irmão José, Vicente de Paulo...

Enquanto Adroaldo se preparava para mais uma pergunta, Modesta acrescentou:

— Dentre os benfeitores do Sanatório, permita-me citar, com as minhas devidas escusas por alguma omissão voluntária: Ludovice José Fernandes, o "Cinza", genitor de nosso estimado Odilon; Manoel Felippe de Souza, pai de nosso Alceu de Souza Novaes, um dos homens mais cultos que conheci; Adelino de Carvalho, médium de excepcionais faculdades; João Brunello, exímio construtor – foi um dos construtores da Igreja de São Domingos, em estilo gótico; Elisiário Ribeiro do Nascimento, um dos fundadores da famosa ABCZ – Associação Brasileira dos Criadores de Zebu; Antônio

Logogrifo, médium passista de invejável capacidade; João Alves; Anselmo Trezzi, esposo de D. Virgulina, como gostava que se falasse; Noé Carmelita, pai de nosso estimado Pe. Sebastião Bernardes Carmelita; Frederico Peiró, o fundador de Peirópolis, um espanhol de Andaluzia, que se converteu à Doutrina frequentando as sessões que eram realizadas na casa do advogado Antônio Cesário da Silva e Oliveira; o Prof. João Augusto Chaves, que, além de fundar o Centro Espírita Uberabense, foi o responsável pelo aparecimento do primeiro jornal espírita de Uberaba, "O Arrebol"...

— E Chico Xavier? – indagou Adroaldo.

— Kardec e Chico sempre foram as nossas inspirações. Chico, certa vez, quando as perseguições recrudesciam contra mim, escreveu-me pequeno bilhete: "Querida irmã Maria Modesto, embora a distância física que nos separa, estamos juntos. Não esmoreça. Devotados amigos do Mais Além a fortalecem. Tudo há de passar e somente a obra do Senhor, realizada pelos tarefeiros de boa vontade como a senhora, há de permanecer intocável".

— Quando no corpo, a senhora teve alguma revelação mediúnica de que Chico fosse a reencarnação de Kardec?

— Os espíritos sempre faziam insinuações a respeito, evitando, contudo, uma abordagem direta do assunto. Lembro-me apenas de um comunicado de Léon Denis, por nosso intermédio, em que ficou claro que

Allan Kardec se encontrava reencarnado... Interessante é que, na referida reunião mediúnica, Chico estava presente e, instintivamente, todos olharam para ele que, constrangendo-se, ficou todo desconcertado quando as luzes se acenderam.

— O que teria a dizer aos médiuns de hoje?

— Que estudem e trabalhem; que sejam idealistas; que não percam tempo com querelas e falatórios; que cumpram com os seus deveres sociais e familiares, dando exemplo de verdadeiros adeptos da Doutrina; que confiem um pouco mais em suas possibilidades, sem abrirem mão do discernimento, é óbvio; que não adiem planos de trabalho em benefício da Causa; que reclamem menos das adversidades; que não se sintam privilegiados...

Interrompendo-se de propósito, Modesta, virando-se para mim, perguntou:

— O que mais, Inácio?

— A sua lista já me satisfaz; acrescentaria apenas: que não tenham inveja uns dos outros...

— Ia me esquecendo deste recado essencial, mas na nossa época não havia isso, não é, Inácio?

— Invejar o quê: humilhação? sarcasmo? injúria?...

— O Inácio me protegeu muito, Adroaldo!...

— Alguma proteção física, talvez; a proteção espiritual, no entanto, vinha de você... Modesta, você era o meu estetoscópio e, mais, o meu aparelho de Raios-X no exame, diagnóstico e tratamento dos doentes! Você sabe: no Sanatório, até o tempero da comida era com você...

— Como, neste Outro Lado, a senhora enxerga o Espiritismo na Terra? – voltou a sabatinar Adroaldo.

— Tem avançado mais à custa do esforço isolado dos seareiros anônimos que do Movimento organizado que, por vezes, se transforma em entrave aos reais interesses da Doutrina. A centralização do poder, o elitismo e as ambições pessoais de alguns profitentes se constituem em permanente ameaça à Mensagem, induzindo os pouco afeitos ao estudo a lamentáveis equívocos de interpretação, no que tange ao seu propósito junto à Humanidade.

— Permita-me, Modesta – aparteei. — O Espiritismo não tem e nunca terá chefe encarnado, nem médiuns titulares, nem qualquer outro tipo de hierarquização... Infelizmente, *tem* muitos dirigentes sofrendo da cabeça, achando que mandam: tomam assento ao redor de uma mesa e deliberam – escrevem no papel, redigem atas e, graças a Deus, fica por isso mesmo! Se o Espiritismo não fosse livre, *huum!...* A censura espírita imperaria, pior do que qualquer outra. Eu tenho andado por lá e sinto, na "pele", a gana que muitos têm por mim... Se pudessem, não pestanejariam um segundo: mandar-me-iam para a fogueira! Lanço-lhes um desafio: impeçam-me de falar...

17

— Doutor – ponderou Adroaldo, após meu desabafo –, só quem o conheceu e o conhece é que sabe avaliar a sinceridade de suas palavras, em seu amor pela Doutrina.

— Apoiado – endossou Odilon, emocionando-me.

— O Dr. Inácio é um homem como poucos...

— Gente – falei –, fiquemos por aí; eu sei que vocês me compreendem e é o que basta. Sei de uma verdadeira legião de irmãos encarnados que fazem coro com a minha pobre voz: é por eles, os "sem-voz" que eu também falo, clamando às consciências dos confrades de bom-senso, para que a Doutrina – o nosso tesouro! – não perca as características que lhe advêm do Evangelho de Jesus Cristo. Às vezes, confesso-lhes, penso em ficar calado e deixar as coisas entregues a si mesmas...

— De jeito nenhum! – interveio Modesta. — Não concordo. Você tem-se exposto para demonstrar como realmente somos... O seu esforço, como o nosso, é sem pretensão. Mas vou lhe dizer o que você já sabe: através de suas obras, centenas e centenas estão redescobrindo André Luiz, e outros tantos, retomando o gosto pela literatura espírita.

— É claro, Modesta, que não vou me calar; nem que seja por pirraça, continuarei – você conhece o meu temperamento... Agora, o pessoal precisa entender que, com uma ou outra exceção, todos somos espíritos umbralinos, e eles também! Ao desencarnar, poucos ultrapassarão daqui; muitos se precipitarão às zonas localizadas no interior da Crosta... O nosso Paulino Garcia escreveu um belo trabalho a respeito, intitulado “No Interior da Terra”. Os luminares da Vida Maior apenas em condições especialíssimas entram em contato com os irmãos da Terra, através do concurso de médiuns; mesmo entre nós outros, a presença deles é raridade, posto que carecem de se submeter ao sacrifício da tangibilidade...

— Inácio, Chico comentou, certa vez, com um amigo que, dos espíritos que se manifestavam regularmente por ele, somente ao Dr. Bezerra de Menezes era dado escolher o próprio caminho, quando quisesse; todavia, mesmo ele, um dia, haveria de voltar à Terra por amor à Humanidade... Convidado por Celina, Mensageira de Maria de Nazaré, a se domiciliar em Planos Superiores, o Dr. Bezerra, pela sublime intermediação de Celina, solicitou permissão a Maria Santíssima para continuar nas proximidades do Orbe, a serviço do Cristo junto aos homens!

— Nós – observou Adroaldo –, que desencarnamos *ontem,* não temos palavras para agradecer o que a Espiritualidade tem feito em nosso benefício, em termos de esclarecimento e libertação do pensamento, mas, de fato, diante do que contemplamos deste Outro Lado, o que os livros nos contavam...

— É alfabetização – emendei –; e olhem que, às vezes, até contrariando a ordem das coisas, se tal nos fosse possível, eu tenho tentado... Chego a fazer batucada na cabeça de médium, a ver se algo de novo lhe fura o bloqueio, alcançando os nossos irmãos ávidos por notícias mais convincentes quanto à Vida além da morte. Todavia, a conexão, neste sentido, fica a desejar...

— Doutor – explicou Odilon –, é providencial... Já existe luz suficiente em toda parte. O que está faltando é visão. Quando por lá, também, não fossem as lentes que a Doutrina nos adaptou aos olhos, teríamos permanecido na cegueira. A Verdade tem peso e os ombros são frágeis... O Senhor não quer que ela nos esmague. Tenhamos paciência. Saber mais implicaria em maior responsabilidade.

— Compreendo e aceito, mas o meu argumento é o de que não podemos esperar que as coisas venham até nós. O caminho existe? Existe. Conduz a algum lugar? Conduz. Então, vamos caminhar! Se eu vou e o médium vem, nos encontraremos em determinado ponto. É duro saber que as ideias – todas elas – estão por aí, sem a elas podermos ter acesso. Quem nos impede de acessá-las? Ninguém e nada, a não ser as limitações que nos são próprias. Vocês já imaginaram se Kardec se tivesse desinteressado pelo fenômeno das "mesas"?... Por que tantos outros não conseguiram enxergar o que ele viu? Além de ser um homem de gênio, ele estava lá, atento – o homem certo, na hora certa. Eis uma das facetas da predestinação. O médium atento, eu atento, uma hora... a tentação desaba!

— Doutor – extrapolou Adroaldo, de hábito tão comedido –, o senhor tem sido a alegria do Além...

— E só não sou mais, Adroaldo, porque, de quando em quando, me atiram um ovo choco no picadeiro...

— O senhor fica aborrecido?

— Fico, porque não tenho como revidar. Não é por falta de galinhas por aqui, não... (Em tempo: não estou me referindo às aves de granja, cujos princípios espirituais não são tão diferenciados assim, posto que experienciam em série, nos abatedouros; refiro-me às aves fasianídeas, ou por outra, à mulher de raça do galo, cujos princípios espirituais, embora *caipiras,* estão mais adiantados... Se você entendeu, entendeu; se não entendeu, perdeu!)

A conversa seguia assim animada, mas, infelizmente, Adroaldo precisava se ausentar, retornando às suas atividades.

— Por mim – disse –, ficaria por tempo indeterminado, contudo o dever me chama.

— Como vão os seus estudos com o Dr. Cervino? – perguntei.

— Temos entrevistado representantes de diversas culturas do Planeta, pertencentes às mais variadas raças, com o intuito de estabelecer um paralelo entre o pensamento e, principalmente, a formação religiosa que recebe.

— Interessantíssimo!

— É curioso observar como o pensamento se amolda ao meio em que vive. A reencarnação, Doutor, para ser mais produtiva ou se traduzir em experiência de qualidade, carece, tanto quanto possível, de diversificar, na Terra, o *habitat* do espírito, pois, caso contrário, ele tende a repetir a mesma trajetória.

— Com frequência, é o que acontece. Em desencarnando e reencarnando, praticamente, no mesmo meio, o espírito sempre se submete às mesmas influências, retardando-se na senda do progresso. Na obra "Cartas de Uma Morta", de Maria João de Deus, psicografada pelo Chico, nos deparamos, no capítulo com sugestivo título – "As Correntes Migratórias" –, com interessante apontamento: "Os nossos Mestres – escreveu ela, sob a inspiração dos Instrutores – nos falaram das grandes correntes migratórias que modificam as civilizações, asseverando que o mundo atual se encontra à beira desses movimentos inevitáveis. Compreendemos, então, que todos os progressos da civilização terrestre dependem da economia, sobre cuja base repousa todo o edifício da organização social." Vai ser um problema, mas rezemos para que o petróleo acabe, e depressa, levando o homem a encontrar outra fonte alternativa de energia...

— Este tem sido um dos assuntos abordados por nós, notadamente em relação aos países árabes, donos de uma cultura milenar que se encontra desprezada.

— Lá, acredite, o fanatismo religioso é movido a petrodólares; daí, de maneira geral, a beligerância do povo, que se tranca em seu fanatismo, vivendo como viviam os seus ancestrais. Um autor encarnado, Thomas L. Friedmam, escreveu interessante livro: "O Mundo é Plano". Se você me permite, gostaria de destacar um de seus raciocínios, com o qual concordo plenamente: — "Quanto mais pessoas houver com a imaginação 9/11, mais possibilidades teremos de evitar um novo 11/9".

— ?!...

— 9/11 de 1989, assinala a queda do "muro de Berlim"; 11/9, o atentado às "torres gêmeas"... Segundo ele, por conta do petróleo, o mundo está mais para 11/9 do que para 9/11! Eis o que escreveu: "Nada contribuiu mais para retardar o surgimento de um ambiente democrático em lugares como a Venezuela, a Nigéria, a Arábia Saudita e o Irã do que a maldição do petróleo. Enquanto os monarcas e ditadores que dirigem esses estados petrolíferos puderem enriquecer explorando seus recursos naturais – em vez de explorar os talentos e a energia naturais de seu povo – serão capazes de eternizar-se no poder".

— Como, em 1935, Maria João de Deus anteviu o problema, hem?!

— Enquanto existir petróleo no mundo...

— O Dr. Jayme Cervino – comentou Adroaldo –, detendo-se do estudo do Inconsciente, afirma que o grande desafio para o espírito – talvez o maior deles – é o de conservar-se de mente receptiva aos novos empreendimentos culturais.

— Neste aspecto, um profundo abismo está sendo cavado, dividindo a Humanidade... Uma economia aberta enseja indispensável permuta de experiências e, consequentemente, a fraternidade; uma economia fechada, como a do mundo árabe, deixa as nações no primitivismo... Infelizmente, muitas religiões são geridas por interesses de ordem material!

— O Inconsciente, se sobrepondo ao Consciente, impede o homem de vivenciar o Presente, qual se o Tempo para ele não existisse – não corresse, não passasse.

— E quando o Tempo avança e a maioria fica, aquele que ousa acompanhar o ritmo das horas, como se estivesse a antecipar o Futuro, contrariando interesses, é tido à conta de subversivo, com os que se sentem prejudicados, voltando-se contra ele.

18

Quando Adroaldo se despediu, Paulino Garcia se aproximou e, com esmerada educação, justificando a condição de pupilo de Odilon, lembrou-me de um compromisso que assumira com ele, para o outro dia.

— Dr. Inácio – perdoe-me a intromissão –, estamos acertados para amanhã cedo?

— É claro, meu filho, não me esqueci. Amanhã, esperarei por você. Faremos a visita que, igualmente, me encontro ansioso por realizar.

— Não tomaremos muito de seu precioso tempo – argumentou, preocupado.

— Para mim, será uma alegria e uma honra. Eu também sempre me preocupei com o amparo à criança desvalida. Em companhia de Modesta e outros confrades, fundamos o "Lar Espírita". Terei imenso prazer em acompanhá-lo. Qual é mesmo o nome da instituição?

— "Lar da Criança Feliz"!

— Quantas crianças se encontram matriculadas? – perguntei.

— Três mil! Trazidas por seus pais adotivos, elas chegam de manhã e ficam o dia todo.

— Todas elas egressas da Terra?

— A maioria; algumas nasceram aqui... A escola não se opõe à matrícula das crianças cujos pais as geraram nesta dimensão.

— "Vossos filhos não são vossos filhos; vêm através de vós, mas não vêm de vós"! – exclamei, citando Gibran, o inesquecível poeta do Líbano, autor de "O Profeta".

— Os professores do lar-escola, a maioria mulheres, entendem que a convivência natural entre as crianças, procedentes de todos os níveis, se constitui no alicerce da verdadeira fraternidade – todos ali são irmãos, independente da família de origem.

— E Jamile é uma das professoras? – perguntei, olhando significativamente para Odilon.

— É – respondeu Paulino, desconcertado –; Jamile é responsável por uma das salas de aula, que as crianças frequentam em rodízio, a cada mês.

— Há muito que não a vejo, desde que ela veio conosco de nossa experiência no Iraque. (conforme narrado no livro "A Escada de Jacó") Deve ter-se transformado em uma jovem linda!

— Linda, terna e inteligente, Doutor.

— Aí *tem* coisa, Odilon – não resisti ao comentário.

Paulino, ruborizando-se, redarguiu:

— Somos apenas bons amigos...

— Agora, tenho certeza de que aí *tem* coisa – disse, desarranjando-lhe os cabelos, sempre bem penteados como os do Manoel Roberto. — Está tudo certo. Amanhã, Paulino –, emendei, descontraindo.

No outro dia, bem cedo, Paulino, impecável e perfumado, chegou dirigindo o veículo que nos transportaria.

— Que perfume é esse, meu filho? – indaguei, inspirado e provocativo.

— A fragrância é semelhante a um de minha predileção na Terra – o "Kouros"!

— Importado, hem? Você os colecionava?

— Era uma de minhas vaidades de rapaz.

— Para impressionar as meninas e... arrebatar corações.

— Coisas que se foram...

— ...e voltaram! Não se encabule. Estou feliz por você. Isto é bom. Estão de namoro firme?

— Doutor, como é que o senhor fica sabendo?...

— Felizmente, os fofoqueiros também desencarnam.

Sorrimos.

Quase a chegar, avistei o magnífico prédio, que, digamos, não tinha aparência nenhuma de orfanato ou de creche – na minha opinião, sempre tão tristes, devido, em parte, à precariedade de suas instalações.

Aqui, já que estamos no assunto, permitam-me um adendo: nunca fui a favor de construções luxuosas, etcétera e tal, todavia convenhamos em que bom gosto, necessariamente, não significa luxo e ostentação. Algumas edificações na Terra, dedicadas ao amparo das crianças e dos idosos, são tão lúgubres, que em nada cooperam no sentido de motivar à alegria e à esperança quem se encontra tão sofrido. Não me interpretem mal. Longe de mim qualquer crítica aos companheiros que se doam com tanta dedicação ao serviço de assistência aos desvalidos. A experiência, contudo, foi-me ensinando aos poucos que, não raro, com o mesmo investimento financeiro, a gente consegue fazer algo mais agradável para os olhos e, consequentemente, para o espírito.

É claro, não carecem de argumentar: — "O Dr. Inácio não está levando em consideração as dificuldades que as instituições religiosas enfrentam, mormente num país de terceiro mundo, como o Brasil..." Meu Deus, quando nós, os brasileiros, amaremos mais este país, fadado a ser a Pátria do Evangelho?! Quando assomarão ao poder os políticos que partem daqui, verdadeiramente comprometidos com as causas sociais?

Outros talvez estejam gastando fosfato à toa, raciocinando assim: — "O Dr. Inácio está ignorando que o mais importante é o amor, pois que as instituições, em si, são feitas de pedra e cal..." Não, por favor, eu não deixaria o meu calcanhar-de-aquiles tão exposto às setas dos críticos, que, por tudo e por nada, se habituaram a me espetar. O que estou querendo dizer é o seguinte: um jardim bem cuidado, uma construção melhor arejada e iluminada, algumas telas sugestivas nas paredes, enfim, mais flor e mais cor, que isso também é amor! Limpeza, higiene, leve aroma de desinfetante no ar... Penso que não há necessidade de que seja mais explícito. Ou há?

O "Lar da Criança Feliz" tem a forma geométrica da letra C, qual se a construção abraçasse extenso jardim que se desdobrava em colorido parque onde a garotada se divertia. Flores de vários matizes atraem a presença de pássaros de espécies diversas, que trinam nas ramadas, orquestrando em harmonia com a cantiga de inúmeras fontes de chafarizes.

— Que alegria recebê-lo, Doutor! – saudou-me com jovialidade a Diretora da instituição, que chamaremos de Esther.

— Creia, senhorita, que a honra é toda minha – respondi com discreta reverência.

— Quando soubemos que o senhor, de fato, viria...

— Ora, minha filha, não me constranja. Perdoe-me, por não ter vindo antes; o Hospital, literalmente, não me concede "habeas-corpus" com facilidade... O Paulino me disse que vocês contam três mil crianças?

— Três mil e quatro crianças, para ser mais precisa. Ontem, vieram mais quatro – por intercessão do Dr. Odilon.

— Odilon Fernandes? – perguntei, tramando um gracejo.

— Ele mesmo, o pai espiritual de Jamile, uma de nossas colegas que lidam com as crianças menores.

— Eu pensei que ele só arranjasse serviço para mim, mas, pelo que vejo, não gosta de ver ninguém de braços cruzados.

Entrementes, de mão dada com simpática amiga, uma jovem se aproximou, chamando-me a atenção pela beleza de seus traços.

— Dr. Inácio – disse, estendendo-me a destra com cortesia, sem que eu conseguisse deixar de reparar em seus olhos amendoados, da cor dos lindos cabelos que lhe caíam, dourados, aos ombros.

— Quem é você? – perguntei, como se de nada soubesse, retendo a sua mão entre as minhas.

— Jamile! – respondeu com um sorriso cativante, revelando duas graciosas covinhas, uma em cada lado do rosto.

— Não, não é possível! – exclamei. — Como você cresceu e, em tão pouco tempo, se transformou em uma jovem tão linda!

— O papai me disse que o senhor é um dos melhores amigos dele.

— Que nada, minha filha, o seu pai é que me tolera.

— Não tive, antes, oportunidade de lhe agradecer...

— O quê?!... Eu não fiz absolutamente nada. Tudo devemos a Jesus, o verdadeiro Benfeitor de nossas vidas.

— Estou consciente de que fui resgatada de difícil situação. Estou tendo oportunidade de conhecer um mundo novo... Desde criança, Doutor, eu não sabia o que era a paz; em casa, vivíamos aterrorizados com a situação política e social em nossa terra...

— Tudo há de passar. Temos esperança de que, em breve, a paz há de voltar ao Oriente; o povo, por lá, vem sofrendo muito, e tal estado de coisas não pode perdurar, com tantos prejuízos para o espírito.

A inteligência de Jamile, a sua perspicácia, revelava o seu amadurecimento psíquico. Dialogando comigo, aquele semblante juvenil se transfigurara, preocupando-se com o grupo racial a que pertencera em sua derradeira romagem no corpo. Com certeza, vínculos mais fortes a uniam aos povos do Médio Oriente, em permanente conflito uns com os outros, pagando elevado tributo por terem relegado as lições do Senhor ao esquecimento.

— Tudo aqui é inacreditável para mim – prosseguiu.

19

— Tenho a impressão – disse Jamile, olhando significativamente para Paulino, que a fitava com ternura –, de que estou acordando de profundo sono... Sinto, sim, saudades de casa, especialmente de minha mãe e de minha avó, mas aqui reencontrei afetos que me parecem mais antigos...

Neste instante, uma lágrima rolou, solitária, de seus olhos, brilhando qual preciosa gema, ao lhe percorrer a face. Paulino, aproximando-se, segurou-lhe a destra e, delicadamente, com o polegar da mão esquerda procurou estancar-lhe a fonte que lhe gotejava dos grandes olhos da cor de amêndoa madura.

— Não chore, querida! – pediu-lhe sem constrangimento.

— Desculpem-me, mas, por vezes, não consigo controlar a emoção. Ah, como gostaria que o meu povo conhecesse a paz que desfruto neste ambiente! Eu nunca ouvira falar de Jesus com tanta veneração! Tenho, com

Papai Odilon, estudado o Evangelho e, sinceramente, não sei como as lições do Senhor podem continuar sendo ignoradas pela Humanidade!...

— Um dia, minha filha, os homens despertarão para a real grandeza do Cristo e, então, se esforçarão por vivenciar-lhe os divinos ensinamentos, compreendendo que, fora deles, jamais conseguirão se motivar à fraternidade.

— Cresci, Doutor, escutando, em casa e nas mesquitas, as preces recitadas do "Corão", e Maomé merece o meu profundo respeito, por tudo o que fez pelas tribos nômades que viviam dispersas, todavia somente através do Amor, que Jesus pregou e exemplificou, até o supremo sacrifício na cruz, os homens, de fato, haverão de se irmanar e construir o Mundo Novo.

Volvendo, uma vez mais, o olhar para Paulino, acrescentou:

— Penso que eu não tenha renascido por lá por mero capricho do destino... Eu e papai temos conversado muito e, mais tarde, após o meu aprendizado nesta dimensão, é possível que volte a renascer entre os com quem vivi em minha última e breve passagem pelo orbe terrestre. Paulino e outros amigos...

— Sim, Jamile – aparteou o pupilo de Odilon –, é claro, se for esta a Vontade do Senhor, haverei de acompanhá-la; demorei a encontrá-la e não pretendo me separar de você... Doravante, estaremos juntos para sempre!

— Ah – suspirei, arrancando sorrisos, inclusive a Esther –, como deve ser bom estar apaixonado assim!... Sinceramente, a minha alma gêmea, ao que pressinto, anda perdida de mim em outra galáxia... Devo ter aprontado muito, para me sentir tão desterrado do belo reino do amor em que as almas apaixonadas se reencontram!

— Ora, Doutor! – brincou a diretora da instituição que visitava. — O senhor, com todo esse charme... Candidatas não lhe faltarão!

— *"Quem eu quero, não me quer.*
Quem me quer, mandei embora.
E por isso, já nem sei
O que será de mim agora..." – cantarolei, desconversando, para que o assunto tomasse outro rumo.

— O senhor quer dar uma olhada na instituição? – perguntou-me Esther, enquanto Paulino e Jamile, no idioma dos apaixonados, permutavam mil juras de amor.

— Paulino – falei, antes de responder à interpelação de Esther –, desta vez, Cupido atirou-lhe várias setas certeiras! O seu coração, meu filho, está todo flechado...

Deixando o casal a certa distância, disse em seguida:

— Vamos, minha filha, conhecer o "Lar da Criança Feliz", mas, por favor, poupe-me de mostrar-me os banheiros...

— ?!...

— É, não me interprete mal. Ainda trago comigo certo cansaço da Terra... Quando era convidado, por exemplo, para uma palestra nesta ou naquela instituição, o pessoal, empolgado não sei com o quê, me levava para conhecer os seus menores recantos, inclusive os banheiros. E – emendei – com mais de três mil crianças, aqui deve haver banheiros que não acabam mais!

— Está combinado: não lhe mostrarei então os banheiros; apenas as salas de aula, a biblioteca, enfim, os nossos principais compartimentos.

— A cozinha – solicitei –; adoro cozinhas, minha filha... Se pudesse, teria numa delas o meu consultório. Com um prato de comida na mão ou uma xícara de café quente, é metade da cura! Engraçado, não é? Quando está mastigando alguma coisa, ninguém reclama, ninguém chora... Acho que, em vez de empanturrar doentes psiquiátricos com remédio, os médicos deveriam prescrever comida – café, chá, um pedaço de bolo, etc., de hora em hora; depois, mandavam para um nutricionista, não é?

— Então, começaremos pela cozinha – concordou Esther.

Descendo por uma rampa, caminhamos por amplo corredor que nos conduziu a bem arejado espaço onde funcionava a cozinha. Pequeno batalhão uniformizado, constituído por homens e mulheres, trabalhava preparando o almoço.

— Que cheiro delicioso! – exclamei, destampando as panelas fumegantes. — O que estão preparando? Sopa de legumes? Aprecio muito mais uma galinhada, com um pouco mais de galinha que de arroz: na galinhada espírita, a galinha está desencarnada...

O cozinheiro-chefe, ultrassistemático, estendeu-me, cordialmente, um par de luvas.

— Doutor – disse-me –, por favor...

— Você é dos meus: vai direto no assunto! – comentei, calçando as luvas que me oferecera.

— Não me leve a mal...

— De jeito nenhum; você está certo... Se não sou interceptado pela sua vigilância, é bem capaz de que meteria a mão na comida, como muita gente se julga no direito de fazer e faz. Se, um dia, perder o emprego aqui, me procure.

Com uma colherinha que colocara à minha disposição e um prato, quase do tamanho de um pires, provei o saboroso e nutritivo caldo que seria servido às crianças.

— Parabéns pelo tempero: pena que não me tivesse arranjado um prato maior...

— É que a meninada só come o suficiente; evitamos, ao máximo, o desperdício... Aqui, não jogamos nada fora.

— E a sobremesa? – perguntei, com ele me subtraindo das mãos o pires e a colherinha.

— Salada de frutas silvestres – respondeu.

— Posso experimentar?

— Sem dúvida – disse, colocando-me nas mãos um minipires e uma colherinha que, na verdade, era quase um conta-gotas.

Abocanhando tudo de uma só vez, comentei:

— Que delícia! Que frutas são?

— Cereja, amora e lichia – apenas a essência.

— Tudo muito calórico, não é?

— Nada de calorias, Doutor; o nosso cardápio é balanceado: quase zero de gordura e açúcar...

— Quase zero de comida! – retruquei, enquanto ele me tomava o minipires e o "conta-gotas", certamente com medo de que eu solicitasse bis. — Por que não adoçam um pouco mais?

— Doutor, o senhor conhece aquela piada?

— Aquela, não – respondi –; conheço outras...

— Então, sem ofensa, vou-lhe contar aquela. Existem quatro coisas brancas que matam, depressa ou devagar, mas matam.

— Quatro coisas brancas?...

— É! Trata-se, é claro, de uma piada sem espiritualidade alguma.

— É dessas que eu gosto. Diga-me: quais são as quatro coisas brancas que matam?

— Açúcar, sal, cocaína e... médico!

O pessoal em torno quase se arrebentou de rir.

— Engraçadinho!... Você, no entanto, se esqueceu de que existe uma única coisa vermelha que mata por estas quatro brancas reunidas.

Suspense na cozinha.

— É a língua! – esclareci, zombeteiro, provocando nova crise de gargalhadas, até nos auxiliares que, embora estivessem trabalhando a distância, não eram, evidentemente surdos. — A língua – enfatizei –, guardada na bainha da boca, é terrível punhal que, de preferência, exerce a sua ação pelas costas.

— Doutor, amigos? – questionou-me o cozinheiro-chefe, de nome Nicanor, ensarilhando armas.

— Amigos – concordei, apertando-lhe a mão e, depois, fraternalmente nos abraçando.

— Da próxima vez, prometo-lhe um pires um pouco maior – comentou, não deixando por menos.

— Nicanor, não caia nas minhas garras!

Naquele ambiente de descontração, subimos a rampa e fomos visitar as salas, extremamente confortáveis e equipadas com material pedagógico. Em cada uma delas, um quadro retratando Jesus, confeccionado pelas próprias crianças, em serviço de colagem ou pincel, pendia da parede, com ênfase para o que se inspirava no "Deixai virem a mim os pequeninos"...

20

— Esther – comentei, sério –, estou, deveras, impressionado! Que maravilha! Meus parabéns a toda a equipe. Bom gosto e praticidade, em tudo. Sem exagero, a gente quase flutua, não é mesmo, Paulino?

Virando-me para o casal de namorados que, enlevado, nos acompanhava de perto, disse com um muxoxo, sem dar tempo ao amigo para a resposta:

— Que pergunta inútil, a minha! Você e Jamile não só estão flutuando, como bem acima de nós...

— Não, Doutor – desculpou-se. — Estamos atentos.

— Eu sei...

— De fato, a gente flutua...

— Nas asas do amor, Paulino, haja teto nos céus capaz de nos deter!

— Doutor – chamou-me a diretora, com um sorriso de cumplicidade para Jamile –, aqui temos um salão de dimensões mais amplas...

E, descerrando a porta, deixou-me de frente para seleta e inusitada assembléia, que, ao avistar-nos, bateu palmas com incontida alegria, quais emplumados filhotes de pássaros, trinando, ritmados, em manhã de sol primaveril.

— Meu Deus! De onde saiu tanta criança?... Eu bem que estava para perguntar o motivo do inexplicável silêncio que pairava no recinto. Um verdadeiro jardim de flores humanas! Ah, quem me dera, ter sido o pai desta turma toda!... Quantos estão aqui? – perguntei, encantado, querendo tomar cada uma daquelas crianças no colo.

— A metade, Doutor.

— 1.502 crianças, entre meninos e meninas!

— Reunimos as mais crescidinhas... As outras menores estão na outra ala.

Entrementes, a discreto sinal da Diretora, Jamile tomou a frente e perguntou à turma que, se Deus quiser, em reencarnando, há de modificar as condições de vida na Terra:

— Quem nos visita hoje?

— O Dr. Inácio – responderam, em uníssono, muito bem ensaiados.

— Mais quem?

— O "tio" Paulino...

— O "avô" vai sobrar para mim – pensei.

— O Dr. Inácio é?...

— Nosso amigo!

— Ufa, escapei por pouco! – tornei a pensar, desconcertado.

— Nosso amigo e...?

— Vovô muito querido! – sentenciou o gracioso coral.

Ergui a mão, intrometi-me e pedi um aparte, dizendo:

— De vocês, eu aceitaria ser até trisavô! Que olhinhos lindos! Custa-me crer que crescerão... Não, por favor, não cresçam – não se tornem ranzinzas como eu!

A meninada gargalhou.

— Vocês parecem que entenderam... Sabem o que é ranzinza?

— O Dr. Inácio!

— Ai, atingiram-me no fígado! – gracejei, contorcendo-me.

— Não – disse um garoto na primeira fila, erguendo a mãozinha e pedindo permissão para falar –, ranzinza não é o Dr. Inácio. *Ranzinza* significa: zangado, mal-humorado, ranheta, rabugento... O Dr. Inácio não é rabugento e, depois...

Suspense no grande salão.

— ...ele é meu padrinho! – completou, correndo em minha direção e atirando-se em meus braços.

— Não me diga que você, meu filho...?

— É o filho de Gustavo e Érika, Doutor, lembra-se?

(Como, afinal, eu poderia me esquecer, daquele garotinho que amparei, quando sua mãe o deu à luz, conforme se encontra narrado em "Fundação Emmanuel"?)

— Gustavo II! – exclamei, osculando-lhe as bochechas rosadas. — O que dão para vocês comer aqui, fermento? Como você cresceu? Acho que aquele cozinheiro de uma figa...

— O "tio" Nicanor – pronunciou-lhe o nome.

— Ele mesmo! Aquele cozinheiro de uma figa me enganou; acertarei com ele na saída... Está colocando fermento na comida!...

Como se tudo houvesse sido tramado, de uma porta lateral surgiram Gustavo e Érika, que, sorrindo, traziam uma braçada de flores para me oferecerem.

— Dr. Inácio – falou a genitora de Gustavo II que, do meu, passara ao colo do pai –, com o nosso carinho e do "Lar da Criança Feliz", por tudo o que o senhor também sempre procurou fazer pela infância.

Confesso que, por diversas vezes, as lágrimas me afloraram aos olhos, todavia contive-me, para não dar qualquer vexame diante das crianças.

— Ora – redargui com a voz embargada –, eu não fiz coisa alguma e, depois, por mais que tivesse feito, mais me competiria fazer. A criança é a esperança da nova Humanidade com que todos sonhamos!

— Não – aparteou-me Esther –, o senhor, quando na Terra, não se restringiu ao seu campo de atuação profissional, como médico. Empreendeu, com o auxílio de outros amigos, a construção do "Lar Espírita" que, por sua vez, inspirou a edificação de instituições semelhantes em vários estados brasileiros; encontrava tempo, dentro de seus múltiplos afazeres, para escrever obras dedicadas à infância, fornecendo valioso material pedagógico- doutrinário aos professores da Evangelização; foi, ainda, um dos pioneiros do movimento das Mocidades Espíritas... O senhor foi um educador por excelência! A homenagem que lhe prestamos é mais do que justa e merecida. Poucas pessoas conheceram e conhecem o Dr. Inácio Ferreira, autor de...

E, mexendo com as minhas reminiscências mais caras, listou, uma a uma, as obras de nossa lavra, que fazíamos editar, em reduzida tiragem, às próprias expensas.

— "Conselhos ao Meu Filho", "Esquetes", "Contos" e "As Estradas da Vida", sendo que, deste último, fazemos questão de lhe passar às mãos um exemplar da raridade que conseguimos.

— Como?! – perguntei, surpreso.

— Doutor, o senhor sabe que quem pensa ou escreve, fala ou faz não se limita ao âmbito estreito de sua existência. A inspiração no bem procede dos Planos Superiores da Vida.

Em edição luxuosamente encadernada, com capa e contracapa envoltas em veludo azul, recebi, trêmulo, o resultado de meu esforço no ano de 1962, há quase meio século atrás.

— Para mim, isto já estava perdido... Se eu soubesse – não é assim que todo o mundo diz? –, eu teria me esmerado mais! Ainda bem, contudo, que não desperdicei tempo e inteligência escrevendo o que não devia. Percebo que, literalmente, a gente colhe o que planta!

Folheando rapidamente a obra, ilustrada por Aglaide de Carvalho, não contive a admiração, exclamando:

— Demoramos mais de sete anos para editar este livro – tudo era feito de maneira muito precária e artesanal! As ilustrações são datadas de 1955; o Aglaide foi formidável... Acredito que algum espírito o tenha escrito por meu intermédio, pois eu, de verve polêmica, não seria capaz de transfigurar-me ao ponto de escrever com tanta ternura. Modesta dizia que ele me havia sido inspirado por Eurípedes Barsanulfo, fundador do Colégio "Allan Kardec", em Sacramento: ele, sim, um educador por excelência, e não eu – pobre de mim! – sempre às turras com os inimigos da Doutrina.

Detendo-me em seu singelo prefácio, li o parágrafo que se me destacou aos olhos: "Quando as criaturas compreenderem que a Justiça de Deus não se compra com favores, com dinheiro e nem com as posições sociais, mas, sim, obtida à custa própria, com o resgate das faltas e das iniquidades cometidas, essas mesmas criaturas tornar-se-ão melhores e nova era surgirá para a Humanidade."

— Doutor – perguntou-me Esther –, é verdade que o senhor também chegou a evangelizar crianças?

— Evangelizar propriamente, minha filha, nem a mim ainda consegui; por vezes, eu contava histórias para a meninada... Em face das lides desgastantes no Sanatório, o contato com as crianças, no Lar Espírita ou no Centro Espírita Uberabense, era um refrigério para o meu espírito – elas é que me evangelizavam!

— O senhor poderia contar uma história para nós, dizer algumas palavras – solicitou Jamile.

— Eu?! Ah, quem me dera!... Com a cabeça voltada para outros assuntos, como ando ultimamente...

— Conte, conte, conte!... – reivindicou a garotada, a discreto sinal de Esther, que não me passara despercebido.

— Gente – tentei justificar-me –, estou numa outra faixa, como se a batuta em minha mão tivesse se transformado em vergasta... Poupem-me!

— Histo...rinha, histo...rinha!... – insistia a petizada ao ritmo das palmas, inclusive de Paulino, que, ao lado de Jamile, parecia uma haste encantada com a flor.

21

— Bem – expliquei –, eu não sou um bom contador de histórias; aliás, esta sempre foi uma de minhas frustrações, todavia não poderia deixar de atender a tão veemente pedido, porque a uma criança a gente só diz "não" quando não deve dizer "sim"...

Caminhei, um tanto desconcertado, confesso, mais para o meio do recinto de amplas dimensões, seguido por aqueles olhinhos vivazes, e comecei, tentando resumir.

— Toda história que se preza inicia-se assim: "Era uma vez..."

E, deixando que a palavra fluísse ao nível do entendimento da plateia, prossegui:

— Trata-se de um fato real. Um dia, se possível, trá-lo-ei aqui, pois que é um de meus melhores amigos. Ele se chama Labélius; é um ser elemental. Vocês sabem o que significa?

— Sabemos! – responderam a uma só voz.

— É um irmão nosso, filho de Deus, como nós – disse linda garotinha de tez morena, cabelos presos em duas tranças por laços cor-de-rosa.

— Muito bem! Neste sentido e em outros mais, vocês, as crianças, sabem muito mais que os adultos, que, infelizmente, quando crescem, costumam ficar pobres de imaginação e de fé. Eu cresci só por fora; por dentro – acreditem! – sinto-me tão jovem e pequenino como vocês... Se Deus quiser, mesmo quando estiver de cabelos mais brancos ainda, não vou querer envelhecer!

A garotada sorriu, e continuei:

— A Vida se desdobra em múltiplas dimensões no Universo Sem Tamanho, infinito quanto o Criador. Existem "esferas de vida" em toda parte e seres que as povoam com as características pertinentes – seres em evolução, como nós, que anseiam, como ansiamos, pela luz da Perfeição. Somos minúsculo átomo de inteligência, que, não raro, ignoramos o que se passa para lá da ponta do nariz... Ah, se tivéssemos o tamanho do orgulho e da soberba que temos, certamente ocuparíamos um espaço maior do que o Sol!...

— Desss...te tamanho! – emendou um menininho que percebi com pequeno defeito na perna direita.

— Isto! Desss...te tamanho – alonguei os braços na horizontal, repetindo-lhe o gesto. — Labélius, que é quase da mesma altura de vocês, vivia em uma dessas "esferas", ali enviado pela Misericórdia Divina, que não despreza a nenhum de seus filhos. Ele, desde que nascera, descendente de humilde família, assim como Jesus, nosso Mestre, revelou-se diferente dos demais, inclusive de seus próprios irmãos.

Instintivamente, dei um passo adiante, aumentando a proximidade entre mim e as crianças, com o intuito de melhor dominar-lhe a atenção.

— Era – prossegui – inteligente e bom, preocupado com o sofrimento de seu povo, que fora dominado por invasores, como a Judeia submissa a Roma. Vejam que a história de Labélius, em muitos pontos, é semelhante a do Cristo, porque, em qualquer espécie ou raça, há sempre um vanguardeiro do progresso, que, em meio à escuridão, segue à frente, de archote aceso nas mãos, a guiar e conduzir. Quando o nosso personagem atingiu certa idade, inspirado por mentes ancestrais e dando cumprimento à missão de que fora incumbido, começou a ensinar noções de amor e fraternidade, de que ele mesmo dava inúmeros exemplos em contato com os doentes e desprezados. — "Meus irmãos – dizia em suas preleções, que eram feitas em contato com a Natureza –, não fiquem tristes, nem percam a esperança no futuro... O Senhor da Vida nos tutela os passos! A existência não se resume ao mundo em que vivemos. Ninguém desaparece e volta a ser pó... Tremula em nós uma chama que jamais se apagará! Não sejamos violentos, pois que o sentimento de ódio, de rancor, de mágoa contra quem quer que seja, nos escraviza às masmorras da ignorância. A única coisa que faz com que o espírito, merecidamente, salte estágios na evolução é a sua capacidade incondicional de amor! Amemos, meus irmãos, sem cogitar de sermos amados por aqueles que desconhecem o extraordinário poder da força que trazem dentro de si!...

Procurando lembrar-me de que não estava efetuando uma pregação para adultos, contando embora com a condição intuitiva da meninada, tornei a tomar o caminho das palavras mais fáceis, acentuando:

— Labélius, ao mesmo tempo em que se fazia amado pela multidão, começava a ser odiado pelos interesses que contrariava. Em todos os níveis inferiores da Evolução, o Mal se opõe sistematicamente ao Bem; em todos os reinos da Natureza, há uma luta constante, como se a Criação se rebelasse contra o Criador... Inútil, porém, pois a luz sempre prevalecerá sobre as trevas! É da Lei que a Verdade termine por se impor, não importando o tempo que decorra para tanto. À medida que os séculos avançam, a Humanidade se aproxima de sua condição ideal. Quem conseguirá deter o fluxo do progresso? Seria o mesmo que intentar barrar a expansão do Universo; tudo tende, inexoravelmente, para a Perfeição... A Vida é dotada de mecanismos próprios de renovação. A árvore produz a flor, que produz o fruto, que contém a semente, encerrando a espécie em que se perpetua... Ontem, na noite milenar de que, aos poucos, emergimos, como alguém a despertar de profundo sono, fomos pedra, vegetal, animal e, por fim, gente, a caminho da angelitude. Labélius, incansável, como ser iluminado de sua espécie – os elementais –, continuava ensinando:

— "Vivemos existências sucessivas e coexistimos com outros seres, uns mais, outros menos aperfeiçoados do que nós... Estamos em transição de uma espécie para outra. Notemos os pássaros, nossos irmãos menores, que conhecemos bem: primeiro, é ovo no ninho; depois, ao romper a casca, é filhote ainda desprovido de penas e asas robustas para alçar voo... *Ovo* e *voo* (destaquei) são palavras constituídas pelas mesmas letras – é só trocar um *o* de lugar! Mas, até que tal transfiguração aconteça, um ciclo deve terminar, cedendo lugar ao próximo... Um dia, volitaremos como aqueles de nossa espécie que transcenderam a si mesmos!

Poucos, entretanto, foram capazes de assimilar as palavras do benfeitor; logo, diversos grupos se insurgiram contra ele e... o resto da história – enfatizei – vocês já sabem. Aquele entezinho divino, enviado por Deus à sua espécie, com o propósito de guiar o povo ao limiar de uma espécie superior, alcançando o patamar da completa humanização, também foi crucificado! Sim, certa vez alguém escreveu com sabedoria que, "quanto mais perto do Céu, mais sofre o homem na Terra". De fato, ninguém se cristifica, sem crucificar-se – este pensamento é de uma autora chamada Annie Besant, um dos poucos espíritos humanizados com sensibilidade bastante para admitir a existência dos elementais.

— Meus irmãozinhos – acrescentei, esforçando-me, ao máximo, para me fazer compreendido –, perante a evolução de Jesus Cristo, nosso Senhor e Mestre, não passamos de pobres elementais, embora, por orgulho e vaidade, nos consideremos no ponto mais alto do progresso intelecto-moral... Os seus fizeram a ele, Labélius, o mesmo que fizemos a Jesus, que era considerado estranho pelos próprios familiares. Escreveu o Evangelista que, "tendo (Jesus) vindo para casa, reuniu-se aí tão grande multidão de gente, que eles nem sequer podiam fazer sua refeição. — Sabendo disso, vieram seus parentes para se apoderarem dele, pois diziam que perdera o espírito".

E, sintetizando, observei:

— Conheço pessoalmente Labélius que, de quando em quando, me visita, e pude constatar as marcas que traz nas palmas das mãos, dos cravos da ingratidão que as vararam... Como Jesus, que é Anjo, se fez Homem, ele, que é homem, se fez elemental. Espero que vocês entendam o sentido desta história verdadeira. Eu jamais me atreveria a contá-la para as pessoas adultas que, com certeza, dificilmente acreditariam em sua autenticidade. Não importa, porém. Até hoje, entre nós, há quem duvide da existência real de Jesus Cristo, e, convenhamos, não é fácil admitir que a espécie humana, repleta de mazelas, tenha sido capaz de gerar um ser como Ele! E mais de dois mil anos se passaram de sua Divina Presença na Terra e nas Esferas espirituais adjacentes.

Há um cristal mais puro que todos os cristais, uma árvore de seiva mais viva que todas as árvores, um peixe mais evoluído que todos os peixes, um pássaro de asas mais delicadas que todos os pássaros... Todos eles representam elos de ligação entre uma espécie e outra, nos mais diversificados reinos da Natureza. Se assim posso me expressar, com a certeza de que não escandalizarei os seus ouvidos atentos, há uma "pedra-cristo", uma "árvore-cristo", um "peixe-cristo", um "pássaro-cristo"!...

Labélius, ao ser escorraçado pelos seus, voltou ao nosso meio, preferindo, no entanto, conservar-se na forma primitiva em que viveu e se expressou, não faz muito tempo.

— Vocês compreenderam? – perguntei, ansioso.

22

— Compreendemos! – responderam, afinados, silenciando após, como se permanecessem na expectativa de que eu continuasse.

— Um dia, prometo, trarei Labélius para que vocês o conheçam pessoalmente.

— É uma história muito bonita – observou Gustavo II, destacando-se pela inteligência –, porém triste. Que maldade fizeram a Labélius...

— Foi, meu filho, a mesma que os homens, quiçá nós próprios, fizemos a Jesus Cristo, quando, há mais de vinte séculos, Ele veio ter conosco... Todos já vivemos inúmeras existências no corpo de carne, em diversificadas experiências, algumas boas, outras, não – talvez na maioria delas nós tenhamos nos comprometido seriamente com as Leis da Vida. Por este motivo, olhamos para as estrelas que tremeluzem no firmamento, como os sapos que as observam na lagoa, imaginando estar entre elas...

Os garotos sorriram ligeiramente, aguardando o desfecho do raciocínio.

— Estamos aqui, na imensa escada espiralada da Evolução, um degrau acima daquele em que a Humanidade encarnada se situa. O que encontramos? O céu? É óbvio que não. Podemos estar um passo adiante dos homens, representando o futuro que os espera, quando efetuarem a Grande Viagem, mas muito nos falta caminhar e subir... O espírito não se detém em seu aprendizado. Vejamos: a distância que separa Labélius de Jesus é quase infinita... Nós, que já nos fixamos na forma humana, não podemos nos comparar sequer à grandeza de Labélius, quanto mais à de nosso Senhor e Mestre. Verdadeiramente, não passamos de sapos coaxando na lagoa ou de minúsculos insetos dos quais os próprios sapos se alimentam... Chico Xavier... Vocês sabem quem é?

— Sabemos! – responderam, balançando a cabeça afirmativamente.

— *Tem* um retrato dele aqui – disse Gustavo II, meu afilhado.

— Pois é; ele se comparava a um cisco, a uma formiga, das menores... No entanto, entre nós, na Terra, era ele também um Labélius incompreendido, só não sendo crucificado pela ignorância humana porque este costume bárbaro já havia sido banido. Mesmo assim, digo-lhes – porque igualmente tive oportunidade de conhecê-lo –, ele foi muito perseguido. Esses espíritos missionários, que recebem de Deus a tarefa de nos impulsionar no caminho do progresso, sofrem muito! Imaginemos que, desde criança, aos 5 de idade, Chico escutava a voz dos espíritos... O seu próprio pai chegou a pensar que haviam trocado seu filho na igreja, durante uma missa de que ele, a esposa e o menino tinham ido participar.

— Vovô Inácio – perguntou-me um japonesinho de cabelos escorridos na testa, levantando a mão –, Labélius era médium?

— Era e é – respondi, indagando pelo seu nome.

— Takao. Chamo-me Takao, mas, em casa, todos me tratam por Kao.

— Todos nós, Kao, somos dotados de sentidos que ainda não se nos manifestaram claramente. De Labélius a Chico Xavier e de Chico Xavier a Jesus, todos os seres possuem faculdades psíquicas mais ou menos acentuadas.

— Eu converso com um espírito...

Olhei, curioso, para aquele menininho, que é um desses que a gente tem vontade de pegar e levar para casa.

— ...que me fala que eu serei médium, entre os de nossa raça! Ele me diz que não ficarei muito tempo por aqui, porque a nossa gente, na Terra, precisa muito...

— Um Chico japonês! – exclamei, entusiasmado. — Que maravilha! Conte-me mais, Kao. Você sabe o nome dele?

— Ele me disse chamar-se Lao... O pensamento dele entra com facilidade na minha cabeça. Foi um chinês...

— O grande Tsé!

— O senhor o conhece?

— Se é quem imagino, não. Quem me dera!

— Ele me falou que eu preciso assimilar a cultura religiosa dos brasileiros, que, segundo ele, têm progredido bastante na interpretação do Evangelho de Jesus.

Fiquei basbaque!

— Ele quer que eu aprenda mediunidade aqui, para depois da...

O menino cortou a frase no meio e ficou mudo.

— Fale, Kao! Não tenha receio.

— Lao tinha me pedido para não dizer nada a respeito, mas eu tenho confiança no senhor e em todo o mundo aqui. Para depois da Grande Transformação pela qual a Humanidade terrestre passará, nos próximos anos – completou.

— Você, então?...

— E outros de nós voltaremos à Terra!

— Graças a Deus!

— O senhor está agradecendo...

— Sinceramente, cheguei a pensar que a Espiritualidade Superior estivesse dormindo de botinas.

Takao sorriu, balançando as pernas curtas, naturalmente suspensas do chão.

— Paulino – comentei –, preciso dizer ao Odilon o que os espera no "Liceu"...

— O Kao, Doutor – redarguiu o jovem, que não se separava de Jamile –, é amigo do Dr. Odilon.

— O papai e a mamãe já conversaram com ele... Quando estiver na idade, irei estudar com o "tio" Odilon.

— E por que ele é "tio" e eu, sou "avô"? – perguntei, troçando com a meninada.

— É que o senhor tem cara de avô – respondeu o japonesinho, de quem eu havia me aproximado na carteira, desmanchando os seus cabelos –, cara e coração de avô!...

— Se é assim, Takao, meu neto, venha cá – disse, inflando uma de minhas bochechas. — Dê-me um beijo...

Sem a menor cerimônia, o garoto, prendendo-me pelo pescoço, lascou-me um beijo na face.

— Que o Senhor o abençoe, meu filho – falei, retribuindo-lhe o carinho –, como abençoe a todos os seus colegas, que haverão de ter muito trabalho no alvorecer deste Terceiro Milênio na Terra.

Despedimo-nos. O tempo não me permitia estender o diálogo que tanto me havia confortado.

Lá fora, enquanto caminhávamos pelo corredor, comentei com Esther:

— É deveras impressionante... Sinto-me renovado. Como me está fazendo bem esta visita! Sabe?, às vezes, absorvidos pelas lutas em que nos encontramos mergulhados, consentimos que o desalento nos afete. As

Leis Divinas não cessam de tramar a felicidade dos homens. Por mais que as criaturas empedernidas se oponham à renovação que se anuncia para a Humanidade, não haverá retrocesso; no máximo, conseguirão postergar por mais alguns anos a definitiva chegada da Nova Era...

— Doutor – observou a Diretora do "Lar da Criança Feliz" –, Takao é uma das muitas sementes promissoras que germinarão sobre o solo fecundo do Planeta; temos, em nossos arquivos, o registro de dezenas de crianças que, no período de três a cinco décadas, se corporificarão em vários pontos do Orbe, do Oriente ao Ocidente.

— Serão as denominadas "crianças-prodígio"? – indaguei.

— Não importa como venham a ser classificadas; serão espíritos dotados de maior lucidez e, o que é mais importante, não trairão os compromissos espirituais assumidos... O senhor sabe: a não ser pela educação, o homem não se transformará! Inúmeras entidades de escol, procedentes de dimensões mais altas, vêm estagiando por aqui, a fim de melhor se adaptarem às condições do mundo de provas e expiações a que nos vinculamos.

— Takao, então, não pertence propriamente à nossa esfera de ação, ou seja, não é criança da Terra.

— Não, Doutor; não é. Os nossos Superiores nos pedem o mais absoluto sigilo a respeito.

— Compreendo.

— Estamos notificados de que os adversários da causa da Imortalidade, que o Espiritismo representa de maneira avançada, se mobilizam com o intuito de obstruir os projetos da Espiritualidade Maior.

— Todavia não lograrão êxito; pelo que observo, trata-se de um caudal de luz que se derramará sobre os homens, como acontece periodicamente, dando, uma vez mais, cumprimento ao que está escrito: "E acontecerá nos últimos dias, diz o Senhor, que derramarei do meu espírito sobre toda a carne; e os vossos filhos e as vossas filhas profetizarão, os vossos mancebos terão visões, os vossos anciãos terão sonhos..." (Atos, cap. 2, v. 17)

— A citação do texto é apropriada; de fato, devemos interpretar a colocação "nos últimos dias" como um ciclo que termina e outro que começa...

23

Em seu diálogo comigo, acompanhando-nos, a mim e Paulino, até à porta de saída do prédio, Esther demonstrava amplo conhecimento das palavras das Escrituras.

— Semanalmente, Doutor, nos reunimos para estudar a história das religiões, comparando-as com o Cristianismo, e nos tem sido de grande proveito. As noções básicas da Verdade estão em toda parte, evidenciando que, em tempo algum, o homem esteve desamparado da Divina Misericórdia. Existe notável convergência entre as mais diferentes culturas religiosas – os princípios básicos que as norteiam, em essência, são os mesmos. O que mantém os homens divididos, em semelhante campo, são interesses de ordem material.

— Você é espírita? – perguntei.

— Sim e não.

— Como devo interpretar a sua resposta?

— Não, quando se refere à militância, e sim, quando se trata das idéias que o Espiritismo veicula. O "Lar da Criança Feliz" é ecumênico – o que nos interessa é Jesus Cristo! Respeitamos todas as convicções religiosas e não impomos qualquer doutrina, nem estamos vinculados a qualquer movimento de caráter doutrinário, no sentido de arregimentar adeptos. A escola é franqueada a todos, e o nosso trabalho consiste em estimular a espiritualidade latente em cada um.

— Você me faz recordar Paulo, em sua 1.ª Epístola aos Coríntios, no capítulo 9, versículos 19 a 23: — "Por que, sendo livre de todos, fiz-me escravo de todos, a fim de ganhar o maior número possível. Procedi, para com os judeus, como judeu, a fim de ganhar os judeus; para os que vivem sob o regime da lei, como se eu mesmo assim vivesse, para ganhar os que vivem debaixo da lei, embora não esteja eu debaixo da lei. Aos sem-lei, como se eu mesmo o fosse, não estando sem-lei para com Deus, mas debaixo da lei do Cristo, para ganhar os que vivem fora do regime da lei. Fiz-me fraco para com os fracos, com o fim de ganhar os fracos. Fiz-me tudo para com todos, com o fim de, por todos os modos, salvar alguns. Tudo faço por causa do Evangelho, com o fim de me tornar cooperador com ele".

— Mais cedo ou mais tarde, o encontro do espírito com as verdades que o Espiritismo prega acontecerá, de modo natural. O nosso propósito é despertar e não converter. Fugimos ao rótulo, preocupados com a essência. O mais humilde filete d'água corre em direção ao mar. Tocar os sentimentos é imprescindível. Se cooperamos na formação do caráter, o resto, na obra da educação, haverá de ser consequência.

Detendo-nos, por instantes, no *hall* de entrada, Esther indagou-me:

— O senhor já leu algo da lavra de Walt Whitman, um dos maiores poetas da literatura norte-americana?

— Alguma coisa esparsa.

— Quando falava aos meninos, concluindo a narrativa sobre Labélius, me veio à mente um trecho de um de seus mais belos poemas: "Quão maravilhosos e perfeitos são os animais! Quão perfeita é a Terra e as coisas instantâneas que há sobre ela! O que é chamado de bom é perfeito, e o que é chamado de ruim é igualmente perfeito. Os vegetais e minerais são todos perfeitos e os fluidos imponderáveis são perfeitos; vagarosamente e com certeza eles passaram a esse estado e vagarosamente e com certeza eles ainda passarão. *Juro que penso agora que todas as coisas têm uma alma eterna! As árvores têm, enraizadas no solo! As ervas do mar têm! Os animais! Juro que penso que não há nada que não seja a imortalidade!"* (grifei)

— Maravilhoso!

— Em simples versos, o inspirado poeta sintetiza a filosofia da Evolução, consoante o que ensina o Espiritismo, sem que jamais, segundo creio, o tenha conhecido formalmente.

— É uma pena, Esther, eu ter que me ir! Prometo, no entanto, em meu próprio favor, voltar mais vezes.

— Esperaremos, ansiosos.

— Paulino, vamos? – chamei o pupilo de Odilon, que, enquanto eu e Esther cogitávamos de temas que transcendem, ao lado da namorada, ele cogitava do tema que transcende todos os demais – o amor!

Acenamos em despedida e, aboletados no veículo estacionado no pátio, partimos.

— Então, Doutor – perguntou-me Paulino –, não valeu a pena?

— É claro, principalmente para você.

— Ora, Doutor! Não troce comigo; eu e Jamile...

— São apenas bons amigos!

— É...

— Sei! – redargui, monossilábico.

— Acredite.

— Sim!

— E não?

— *Huum!...*

— Somos como irmãos.

— *Tá!*

Alcançando o meu intuito de vê-lo embaraçado, desatei a sorrir, descontraindo!

— Paulino, o amor é... Como é mesmo que se diz?

— ...lindo, Doutor – o amor é lindo!

— Garanto que você não ouviu patavina do que contei aos meninos.

— Comentou sobre Labélius.

— O que comentei?

— Que Labélius é Labélius e...

— ...Labélius! Que aproveitamento!...

— Doutor...

Ao deixá-lo novamente embaraçado, não me contive e, pela segunda vez, gargalhei.

— O senhor fala de uma maneira tão séria!...

— É sério, mesmo. Eu e o Odilon somos quase irmãos e Jamile é como se fosse minha sobrinha. Você não irá enrolá-la. Vamos logo marcar a data do noivado e...

— Doutor!

— Concentre-se na direção do veículo; não estou para *morrer* de novo agora, por conta de acidente... Já recebo tantas críticas e ainda vou ter que narrar uma colisão de veículos neste Outro Lado?! Aprenda a não falar gesticulando... Esse seu sangue espanhol!

— O que fizemos demais? O tempo todo ficamos ali, à vista de vocês... O senhor está brincando, não é?

— Não, não estou; é sério. Vamos marcar o noivado e... o casamento.

— Mas... é tudo o que mais quero! – respondeu, abrindo, ele e a felizarda Jamile, corando de acanhamento, largo sorriso, não cabendo em si de felicidade.

— Mudemos agora de assunto, antes que você precipite o carro num desbarrancado... Se eu tiver que comentar qualquer coisa sobre acidentes de trânsito além da morte, a culpa será sua. Fique atento. Não se empolgue tanto...

— Doutor, não fui quem começou a discussão...

— Quem está discutindo?

Paulino freou o veículo e... gargalhou, gostosamente.

— O repertório do senhor é inesgotável! – disse, quando algo pode dizer. — Como o Dr. Odilon nos diz, o senhor é único!

— Ah, então ele anda falando de mim!... Quando eu poderia imaginar que, sendo tão sistemático quanto é, Odilon fosse também dado a fofocas?!

Aos nossos olhos, sob a imensa plataforma em que parávamos, belíssima paisagem se descortinava, ante a planície que, a distância, se fundia com o horizonte em revérberos de luz.

— Veja, Paulino – apontei ao jovem amigo o majestoso quadro da Natureza, convidando-o a descer por instantes.

— Nunca tive, no mundo, oportunidade de ver, sequer numa tela, tanta beleza reunida – comentou o rapaz, avançando ambos comigo alguns passos na direção do vale que tínhamos sob os pés.

— Nem eu tampouco – redargui, procurando encher os pulmões com o ar balsâmico que o vento espargia. — É profundamente belo!

Árvores de copas floridas se destacavam, entre riachos que se formavam a partir de incontáveis cascatas que despencavam ao longo do enorme elevado rochoso em que estacionáramos; aves de espécies desconhecidas na Terra e borboletas de variados tamanhos e matizes, quais delicadas flores aladas, cortavam o céu, à feição de vivo arco-íris que se desenhava ora aqui, ora ali; a relva, em meio aos arbustos, era um tapete esmeraldino que se estendia, convidativo...

— Eu não sei, meus caros – falei circunspecto, com certo entono de indignação na palavra –, como os homens são capazes de conceber a vida nas dimensões que presentemente habitamos, descartando, inclusive, a presença da Natureza, como se o Mundo Espiritual fosse desprovido dos encantos da Criação que ornamentam o próprio orbe em que vivem...

— O senhor tem razão – concluiu o rapaz.

— Mesmo os espíritas, que já dispõem de tantas e tão amplas informações, parecem não atinar que a vida no solo terrestre é cópia imperfeita do que temos aqui e não o contrário!

24

— Paulino, diga-me – questionei –, estaríamos preparados para uma vida muito diferente daquela que, há séculos, temos cultivado? Como reagiríamos, além da morte do corpo, se, de repente, nos víssemos em um ambiente que se conflitasse com a nossa capacidade de imaginá-lo?...

— Doutor, falando por mim – respondeu o pupilo de Odilon –, creio que teria extrema dificuldade para preservar o equilíbrio. Sei que o senhor não está se referindo a seres mais espiritualizados, que, por assim dizer, já transcenderam os limites da forma e, portanto, habitam regiões compatíveis com o seu estado de lucidez.

— Você foi preciso, com poucas palavras. Quando reencarna, o espírito se submete a um despertar gradativo de suas faculdades, adaptando-se ao meio material sem maior violência; todavia, quando desencarna, dá-se o inverso...

— Quase que instantaneamente...

— Sem passar pelo período da infância – é bom que se frise –, o espírito se depara com outra realidade externa...

— E, por vezes, interna também!

— Concordo. Mas, analisemos apenas o aspecto exterior do plano para o qual se transfere, não raro sob muitos constrangimentos, porque a maioria tem a existência no plano físico como seu único referencial. Poucos, infelizmente, os que cogitam seriamente do que os espera para cá do túmulo.

Recordando-me do caso de uma paciente que, durante anos, havia tratado em meu consultório de médico do mundo, comecei a narrar.

— Uma senhora, esposa de rico comerciante em cidade próxima a Uberaba, procurou-me, certa vez, em sua companhia. O problema dela era o seguinte: inadaptação à realidade em torno... Havia nascido em uma casa, na qual se criara e continuara a residir, por cerca de vinte anos, depois que se casara. O marido, porém, pensando, inclusive, no bem-estar da família (o casal tinha três filhos), negociou a antiga propriedade, que adquirira do próprio sogro. Na primeira noite em seu novo endereço, a mulher, que já durante a mudança de domicílio se mostrara estranha, não conseguiu conciliar o sono e não deixou que ninguém o fizesse. Uma semana, duas, três semanas praticamente sem dormir e sem ânimo para nada – não sorria, pouco conversava e mal se alimentava.

— O senhor, como espírita, chegou a pensar em obsessão?

— No geral, é a primeira coisa em que a gente pensa: esquizofrenia ou obsessão! É dentro deste estreito universo das patologias da mente que costumamos transitar, não é? Raramente, consideramos os conflitos da própria criatura, que, fragilizada, a eles se rende, cedendo oportunidade a que quadros de maior gravidade se instalem. No caso em pauta, não tive dificuldade para atinar com a origem psicológica da questão, porque, na noite anterior, pela nossa Modesta, havia se comunicado na reunião mediúnica do Sanatório um espírito recém-desencarnado.

— A senhora do comerciante se transferira de casa...

— ...e o espírito comunicante, de mundo!

— O senhor, então, estabeleceu um paralelo.

— Mais ou menos por aí. O espírito não tinha cabeça para admitir outra realidade; vítima de um insulto cerebral, deixara tudo para trás... Cria-se, conforme argumentou, vítima de um pesadelo. Quando me identifiquei como médico, queria porque queria que eu o "reconduzisse" ao corpo, a fim de retomar a própria rotina. Com jeitinho, para não lhe provocar traumas maiores, comecei a ponderar sobre a transitoriedade da vida terrena, enfatizando quanto à necessidade de combatermos o nosso excessivo apego às coisas que passam. Enfim, valendo-me dos recursos inspirativos do momento, tentei, em vão, esclarecê-lo, consoante as orientações da Doutrina.

— Não logrou êxito?

— Naquela noite, não. Conversamos por cerca de vinte minutos e ele se mostrou irredutível. — Morto, eu?" – ironizava-me. — "Você deve estar brincando comigo... Como posso ter morrido, se estou me sentindo mais vivo? A morte é o nada. Admito que algo aconteceu, mas não sei o que é. Se existe algum tipo de vida além da morte, são o vazio e o escuro, porque não vejo absolutamente nada – não vejo, não sinto, não cheiro, não apalpo!" Veja, Paulino, a situação lamentável em que milhares e milhares efetuam a Grande Travessia... Seja qual for a sua situação, feliz daquele que, pelo menos, consegue se reconhecer na Vida Espiritual! A esmagadora maioria dos homens ainda ignora o que lhe sucede no momento do desenlace – esta é a verdade.

— Verdade, Doutor, que a gente nem sempre pode dizer...

— Antes do advento do Espiritismo, concordo, não podia tanto; agora, porém, precisamos tocar no assunto com frequência. A Humanidade, como um todo, nunca esteve tão preparada para *morrer* melhor do que vem *morrendo* há milênios. As ideias espíritas, através do espiritualismo contemporâneo, estão se propagando com rapidez. Chega de sono, com direito a bocejos sem fim, do Lado de Cá e do Lado de Lá! É tempo de o homem, uma vez por todas, desmistificar a morte. O muro do "grande mistério", que tanto rendeu aos cofres das religiões, precisa cair! Aos poucos, haveremos de demoli-lo por inteiro. Penso que, neste sentido, não haverá retrocesso, em que pesem as artimanhas das trevas com o intuito de obstruir o movimento de emancipação do pensamento humano, coordenado pelas Esferas Superiores. Somente uma guerra de extermínio, com repercussão mundial, poderia retardar o processo; e, infelizmente, é neste sentido que as inteligências a serviço do mal estão trabalhando, contando, é óbvio, com aliados em pontos estratégicos do poder entre os encarnados.

— Quanto à esposa do comerciante, o senhor conseguiu auxiliá-la?

— Na quarta consulta, começou a apresentar melhoras do pânico que a havia acometido. Fomos conversando e não tivemos que recorrer à prescrição de medicamentos que controlassem, artificialmente, o quadro. Comparando, porém, as duas situações, a da paciente e a do espírito comunicante, concluí quanto, do ponto de vista mental, somos frágeis, suscetíveis de perturbações e desequilíbrios que nos fazem perder o rumo.

— A que argumentos recorreu, Doutor? – perguntou-me Paulino, sempre interessado em amealhar novos conhecimentos.

— Fui incisivo, sem, no entanto, ser grosseiro. Nunca fui de muitos rodeios. Percebendo que o problema estava mais nela mesma, ou seja, em seu espírito algo inseguro, revelando imaturidade, toquei em pontos que a induzissem à reflexão. Funcionou. Em um de nossos diálogos, logo na terceira vez em que me visitava, indaguei-lhe: — "Então, a senhora acha que a sua vida sempre transcorrerá sem mudanças? O mundo em que se movimenta é muito pequeno... Se não tomar providência urgente, acabará enlouquecendo. Tudo muda, a cada instante; a cada minuto que passa, estamos a nos despedir do mundo! Nada se conserva absolutamente igual, o tempo todo. A senhora não tem observado mudanças em seu próprio corpo?" — "Sim, Doutor – respondeu-me –, e tenho medo, tenho medo de tudo..." — "O medo excessivo, minha filha, nos aliena da realidade. Responda-me, por favor, rapidamente, as perguntas que lhe farei em seguida, utilizando o mínimo de palavras.

— O que aconteceu a seu pai e à sua mãe?

— Morreram.

— Aos seus avós?

— Morreram, antes de meus pais.

— Algum outro familiar *morto?*

— Um tio e um irmão.

— Quantos filhos a senhora tem?

— Três, e tive um aborto.

— Se sente hoje mais jovem ou mais velha do que ontem?

— Mais velha, é claro.

— A vida de seus conhecidos não se alterou?

— Alterou-se, e como!

— Quando criança, adoeceu alguma vez?

— Tive sarampo e quase morri.

— Os seus filhos são solteiros?

— Dois já se casaram.

— A senhora já é avó?

— Estou prestes a ser.

— Tem jardim em casa?

— Na casa antiga, sim; na casa nova...

— Terá que formá-lo!

— É...

— O que a senhora pensava de mim?

— Que não tivesse cabelos brancos...

— Só se eu os pintar...

Ela abriu um sorriso e, pela primeira vez, levantando a cabeça, olhou-me dentro dos olhos e pôs reparo no marido ao lado.

— Consegui! – exclamei, aliviado.

— O quê? – indagou-me, intrigada.

— Fazer com que o peixe mordesse a isca... Agora, é só tirá-lo da água.

25

— Eu não entendi, Doutor – disse-me a paciente.

— O que não entendeu? – perguntei, com o intuito de trazê-la para mais perto da realidade.

— O senhor estava... pescando?

— Estava.

— E eu?...

— A senhora é o peixe!

Ambos, marido e mulher, olhando um para o outro, sorriram com cumplicidade. Deviam ter pensado: — "Este homem é louco..." – no que, convenhamos, não estariam equivocados de todo.

— Nadava em águas profundas – prossegui –, longe da claridade do Sol...

À tarde, Paulino, quase noite, o telefone tocou. Era o comerciante. — "Doutor, o senhor salvou o meu casamento... A minha mulher é outra. Assim que chegamos da consulta, ela foi para a cozinha e voltou a ser o que era..."

— Excelente cozinheira? – provoquei.

— O senhor é melhor pescador do que médico – gracejou, feliz.

— Concordo – tornei, não deixando por menos –; o meu lugar é na barranca do rio e não no consultório cercado de gente maluca...

— Tenho um sitiozinho aqui perto. Quando quiser descansar uns dias...

— Meu caro, eu nunca tirei férias na vida! O meu lazer são vocês... Cada qual se diverte como pode.

— Sinceramente, não tenho como pagar-lhe...

— Caloteiro!

Depois de dois meses, dei-lhe alta definitiva. Mas, para não perdermos o foco do assunto – informei ao jovem amigo, que me ouvia atencioso –, a desencarnação, principalmente quando súbita, deixa o espírito fora da única realidade que admite: a vida material, com tudo o que a cerca. É inegável que o homem, até o presente instante, é mais resultado da cultura do *ter,* que da cultura do *ser.* Não lograremos, é certo, mudar semelhante concepção com facilidade. Por este motivo, nas dimensões imediatas após a morte do corpo, o espírito não se depara, por absoluta falta de condições, com um cenário muito diferente daquele a que se habituou. A vida, ao redor de nós, é sempre uma projeção do que somos – do inconsciente, mais que do consciente! Despojar a mente de ilusões não vai ser fácil. Na verdade, o espírito não carece de nada; o espírito puro coexiste, apenas ele e o Universo... O resto é meio e não fim. Porque, na Terra, nos habituamos, coletivamente, a pensar em uma Vida mais etérea e bela; além da morte do corpo é que nos deparamos com uma paisagem tão expressiva quanto esta – disse, apontando para a magnífica visão do vale que contemplávamos.

— O senhor disse, "o espírito puro coexiste, apenas ele e o Universo" – pontuou Paulino. — Interessante...

— O espírito, quando atinge as cumeadas da perfeição, de nada mais carece exteriormente. Os pontos de referência material, existentes no Universo, se prestam apenas e tão-somente a guiá-lo, funcionando como "placas de sinalização" na busca última que empreende, que, em síntese, é a sua plena identificação com o Criador. Para o espírito puro, o Universo de natureza física, ponderável e concreto como o conhecemos, simplesmente desaparece. Quanto mais imperfeito o ser, mais material é a vida que o cerca!

— Há poucas semanas, no "Liceu", recebemos a visita de um professor de Física que, em sua conferência, nos fez raciocinar, a partir de uma ciência tão exata quanto a Matemática, na realidade do "mundo das idéias".

— Sim, tudo com o que lidamos concretamente é apanhado do "mundo das idéias" – o Universo físico é sustentado por um Universo extrafísico, que, por sua vez, se sustenta por outro mais eterizado, até remontarmos à Mente Divina, que é a base de real sustentação da Vida.

— Ele nos chamou a atenção para um fato em que, comumente, não pensamos: o próprio número é uma idéia, foi "arrancado" pelo imaginário humano...

— Duvido que qualquer professor de Matemática, tenha, por exemplo, tido oportunidade de ver um número ou uma figura geométrica.

— Como o homem pode, assim, duvidar da existência do espírito?

— Boa pergunta, Paulino, a ser, no entanto, endereçada aos materialistas. Tudo são energia e luz. O pensamento é de natureza energética. O homem, quando se expressa verbalmente, assemelha-se a uma usina geradora de força, que constrói ou destrói. Tempo chegará em que toda palavra há de ser melhor sopesada por aquele que a articula. O verbo leviano e irresponsável, em simples comentário despretensioso, termina por ser fator determinante nas ações coletivas. Comenta-se sobre energia atômica, energia solar, energia eólica, etc., mas, por ignorância, despreza-se a energia que emana da palavra. O verbo é criador.

Assim dizendo, devido ao adiantado da hora, convidei o jovem companheiro a concluirmos o percurso de volta ao hospital, onde diversos problemas pendentes me aguardavam a presença. Enquanto ele acionava o veículo que nos transportava, fiz questão de não interromper o proveitoso diálogo.

— Paulino, retomando o ponto inicial de nossa conversa, a mente humana ainda é incapaz de conceber, conscientemente, a vida fora da matéria. Daí, meu caro, a nossa extrema dificuldade, na condição de espíritos libertos, para transmitirmos, neste sentido, informações mais precisas via mediúnica. Ora, sendo a desencarnação uma realidade, como se entende, por exemplo, que, desencarnando milenarmente, os espíritos não se apercebam do fenômeno? Não era para que judeus e muçulmanos, católicos e protestantes, dentre adeptos de outras filosofias religiosas, se aperceberem, em espírito, dos equívocos de suas crenças concernentes a este Outro Lado da Vida?

— Doutor, eu mesmo, que não desconhecia de todo o que o Espiritismo nos informa na Terra, surpreendi-me com a desencarnação. Eu pensava que o Mundo Espiritual...

— Fosse meio mágico, não?

— Sim...

— O homem cria inútil expectativa a respeito de si mesmo, imaginando que o simples ato de *morrer* possa transformá-lo. A *morte* concorre, mas não faz a Evolução. *Morrer* o corpo sem *morrer* o homem-velho nada significa. Tenho acompanhado diversos espíritos que saem do corpo e a ele voltam quase de imediato. O assunto é sério e merece estudo aprofundado.

— Somente aos poucos, eu fui me inteirando de meu desenlace da existência física...

— *Mais física,* você quer dizer?

— O senhor está vendo como é complicado? A Vida Espiritual é espiritual em relação...

— ...à vida *lá embaixo,* ou seja, no Plano Material – emendei.

— Porque, para nós, *continua sendo física.*

— E como!

— Não é fácil, Doutor, ter cabeça para, ao mesmo tempo, vivenciar as duas realidades em que a Vida se expressa...

— Para nós, Paulino, para nós – enfatizei. — Existe uma terceira realidade, uma quarta, uma quinta, e só Deus sabe quantas além! Você já pensou se tivéssemos que lidar com três realidades existenciais, simultaneamente? Seria de subtrair o equilíbrio a qualquer de nós!

Estacionando o veículo defronte ao hospital, o jovem lamentou o fato de que, sempre que o assunto se tornava mais interessante, éramos obrigados a interrompê-lo.

— Não se aflija – disse eu, com o intuito de confortá-lo –; temos material de reflexão para os próximos 200 anos, que discutiremos, na carne e fora dela, com os nossos irmãos espíritas. Precisamos entender que a Terra nada mais é que uma das muitas dimensões da Casa do Pai! A vida de além-túmulo não é antinatural... O espírita precisa deixar de pensar como católico!

— O senhor agora foi ao cerne da questão! É isso mesmo: o espírita, mentalmente, ainda não se encaixou no âmbito da própria Doutrina que professa.

— 150 anos de Espiritismo são tempo relativamente curto, curtíssimo, para ser mais preciso. Nos centros espíritas, o estudo tem sido superficial – realmente, não se estuda a Doutrina em profundidade. Os médiuns operam com muitas limitações, em nível de pensamento. E, quanto a nós, o que nos diz que estamos nos inteirando com clareza do que sucede à nossa volta?

— Qual é o caminho, Doutor? – inquiriu-me o rapaz, preocupado.

— O do trabalho ininterrupto e o do estudo constante – eis o de que tenho absoluta certeza que nos renderá os melhores dividendos espirituais. O resto é balela, mera especulação do espírito ocioso, que engendra mil pretextos para prosseguir de braços cruzados.

— Se assim é...

— Vamos ao trabalho – falei, enquanto, abrindo a porta do veículo, me despedia. — Diga ao Odilon que, na próxima semana, eu e a Modesta iremos ao "Liceu", conforme combinado.

26

Quarta-feira, à noite, por volta das 18 horas, lembrei-me da reunião mediúnica que, tradicionalmente, se realiza no Sanatório Espírita de Uberaba, reunião que, durante anos, esteve sob a minha coordenação.

— É uma pena – pensei – que as coisas para os nossos irmãos na carne se tenham dificultado tanto... Poucos médiuns, na atualidade, se dispõem a servir com perseverança. Será que estão faltando idealismo, amor, boa intenção? Meu Deus, como tudo se complicou tanto assim, e o pior é que pouco posso fazer! A prosseguir como está – monologava, preocupado –, o Sanatório tende a cerrar as portas. Lamentável! A instituição representa muito para o Espiritismo no Brasil. Não se trata de apego de minha parte – fiz o que pude, durante mais de 50 anos! Não sei, talvez eu tenha parcela de culpa: não preparei ninguém para substituir-me...

Assim refletia, quando o meu pensamento se sentiu atraído para a Terra, como se o meu próprio "eu" estivesse sendo requisitado alhures. Não tive problemas para identificar a natureza da "evocação"... Em um outro grupo espírita, companheiros se encontravam concentrados, igualmente em atividade naquela quarta-feira, em tarefa de enfermagem a diversos irmãos desencarnados.

— Chamam-me da Terra e não posso deixar de responder – ponderei comigo mesmo, colocando-me em condição mais receptiva.

O médium de que me sirvo para grafar estas linhas, captando, de maneira inconsciente, o anseio dos demais integrantes do grupo mediúnico que desejavam ouvir-me naquela noite, rastreava o meu pensamento, como alguém que estivesse a bater à porta de uma casa, na esperança de ser atendido.

— Tentarei – decidi – através do teledinamismo; afinal, trabalhamos juntos há algum tempo... Agora, assim de improviso, não posso me deslocar na direção da Crosta. Ser-nos-á mais fácil a telepatia (que Kardec, em "O Livro dos Médiuns", denominou "telegrafia humana"), pois não existe distância para o pensamento, e barreiras que não consiga transpor.

Deixando que, gradativamente, o pensamento do médium me envolvesse, fi-lo sentir, por minha vez, o meu envolvimento espiritual: em outras palavras, é como se ele viesse a mim e eu fosse a ele... Não sei se estou conseguindo ser suficientemente claro. Espero que esteja.

Em uma espécie de desdobramento, transporteime, deixando o meu corpo espiritual imóvel na cadeira, e, através dos sentidos dele, comecei a "ver" o ambiente simples e aconchegante em que a reunião se processava, caminhando para os seus minutos finais.

Digo-lhes que não me era tão difícil controlar as emoções, quanto o aluvião de ideias que passamos a permutar, como se, em fração de segundo, entabulássemos um diálogo, acertando entre nós o tema que me caberia desenvolver em não mais que dez minutos. Sim, o espírito comunicante, por vezes, aceita sugestões do médium (que, por sua vez, pode estar agindo sob sugestão da média dos pensamentos que prevalecem entre os membros da equipe mediúnica), discorrendo na hora sobre o que lhe é proposto. A mediunidade possui nuances psicológicas que, embora sutis, não se conseguem descrever – apenas vivenciar.

Era a primeira vez, confesso-lhes, que, valendome da faculdade psicofônica do medianeiro, falaria a distância, estando literalmente distante.

Aceitando a evocação indireta e, querendo vivenciar a experiência que, a rigor, conhecia, desde encarnado, apenas do ponto de vista teórico, comecei a falar, ou melhor, a pensar tão pausadamente quanto possível.

— Companheiros – saudei-os –, irmãos e irmãs de Ideal, que o Senhor sempre nos ampare! Em nossa palavra despretensiosa, gostaríamos, nesta noite, de fazer uma distinção entre *assédio* e *obsessão*. Todos, indistintamente, mesmo nós que nos situamos nos planos imediatos à Terra, estamos sujeitos a alguma espécie de assédio espiritual da parte daqueles que se opõem aos nossos esforços de renovação. O assédio é o pensamento constante, a idéia infeliz e persistente, que procura estabelecer conexão mais estreita conosco, interferindo em nossas atividades no cotidiano – é, por assim dizer, um apelo de ordem inferior, criando-nos embaraços ao cumprimento do dever... Por outro lado, a obsessão é o assédio quando se consuma, ou seja, quando se instala em definitivo em nosso psiquismo. Podemos nos sentir assediados sem que, necessariamente, estejamos obsidiados!

Vejamos: em o "Novo Testamento", nos deparamos com o controvertido episódio da tentação de Jesus – tentação é assédio. Conforme nos narram os evangelistas, após jejuar quarenta dias e quarenta noites, o próprio Senhor foi assediado por espírito maligno... A tentação sempre se verifica sobre as fragilidades que revelamos. O assédio não poupa ninguém e, dele, não há quem consiga se eximir inteiramente. A meio de uma oração, inclusive, desde que não a estejamos proferindo com fervor, podemos ser assediados – dentro da casa espírita, nesta ou naquela atividade doutrinária, os espíritos, adversários da Causa, nos espreitam, aguardando o momento de desferir contra nós o ataque decisivo...

Santo Antão, um dos mais luminosos vultos do Cristianismo primitivo, passou dezesseis anos encerrado num túmulo, em sua luta contra o assédio das forças do mal; mesmo assim, segundo seus biógrafos, ele ouvia uma voz colérica que emergia das trevas: "Que estás fazendo aqui, no reino dos mortos? Como ousas fazer o que vivente algum jamais ousou?"

Buda, igualmente, teria sido assediado por um gênio satânico, transfigurado em Mara, que lhe acenava com as facilidades e prazeres do mundo; Lutero afirmava escutar uma voz demoníaca com tal nitidez, que, em uma das ocasiões, chegou a lhe atirar um tinteiro...

Os apelos do "homem velho" sempre se fizeram, e se fazem presentes junto àquele que intenta romper com as ilusões e desregramentos do pretérito, nos hábitos que se lhe arraigaram no espírito.

Os médiuns espíritas, sem exceção, têm experimentado os mais diferentes assédios ao longo do tempo, testemunhando a fé com muitas lágrimas no coração. A luta por coerência não tem sido fácil para ninguém – perseverar é empreitada de gigante! Chico Xavier, o maior expoente da mediunidade nas lides da Doutrina, que, igualmente, consideramos o maior fenômeno que a Mediunidade já produziu na história da Humanidade, desde pequeno se viu assediado, por desencarnados e encarnados, que procuraram corrompê-lo; as propostas mais vis lhe foram endereçadas, com o intuito de afastá-lo do compromisso: só Deus sabe o quanto o inolvidável missionário da Terceira Revelação deve ter sofrido, em silêncio, para não ceder sequer um milímetro, como não cedeu – louvado seja Deus! –, em seu abençoado labor ao longo de 75 anos!...

Portanto, não confundamos, principalmente nos outros, assédio com obsessão. Vigiemos a nós mesmos, para que a influência espiritual perniciosa que nos deseja perder, encontrando guarida em nossos pensamentos, não se transforme em obsessão contumaz, difícil de reverter. Tanto quanto se nos faça possível, não deixemos espaço ocioso a ser ocupado pelo mal! Repletemos os nossos dias, as nossas horas e minutos com o serviço do bem aos semelhantes, que, no fundo, será proteção a nós mesmos, a fim de que não venhamos a ser surpreendidos pelas próprias imperfeições e mazelas.

Certa vez, contou-nos uma senhora que residia em pequeno sítio próximo a Uberaba, que, sentindo-se extremamente perturbada, assediada quase diariamente por pensamentos infelizes, procurou Chico Xavier para uma orientação. Depois de ouvi-la paciente, em seu desabafo, o médium aconselhou: — "Trabalhe, minha filha, trabalhe o mais que puder; trabalhe até cair no chão de cansaço, pois quando você cair, exausta de tanto trabalhar, o obsessor haverá de deixá-la!..."

São estas – disse, finalizando – as palavras que lhes transmito nesta noite, meus irmãos. Até certo ponto, o assédio deve ser considerado natural por nós outros; o que não podemos é consentir que ele se concretize... Não fiquemos, pois, tristes e desalentados pelas ideias estranhas e absurdas que, por vezes, nos assaltam, colocando à mostra as realidades de nosso mundo íntimo. A tentação é uma oportunidade para que melhor nos conheçamos nos pontos frágeis de nossa personalidade, sobre os quais, evidentemente, devemos concentrar o nosso esforço de resistência.

Evitemos rotular de obsidiados os companheiros que, qual nos ocorre, se constituem, pelo trabalho que desenvolvem em prol do ideal que nos é comum, em alvos preferenciais das trevas; em vez de criticá-los por seus tropeços e quedas, oremos nós, que tantas vezes caímos, por todos eles, nossos irmãos, de cujo equilíbrio dependemos para continuarmos avançando com a segurança necessária.

Que o Senhor nos abençoe, hoje e sempre!

27

Quando terminamos, eu e médium, a tarefa de transmissão e recepção, que sintetiza o fenômeno mediúnico de natureza intelectual, avaliei-a como satisfatória, posto que a essência do que pretendíamos havia sido filtrado de modo conveniente. É claro que, em semelhante atividade de intercâmbio, tanto o espírito quanto o sensitivo carecem de se habituar a certo prejuízo; dificilmente logramos, em cem por cento, o nosso intento, de vez que, além de nossas limitações naturais, estamos expostos ao que Kardec chamou de "influência do meio".

Por "influência do meio", carecemos compreender o somatório de uma série de fatores externos que pesam sobre o contexto do comunicado e não apenas a interferência dos elementos do grupo encarnado. A própria "pressão psíquica", que, por assim dizer, constitui a psicosfera do orbe terrestre, emanando das mentes dos homens e dos espíritos, atua quase de maneira decisiva sobre o contato que se pretende; é como se o pensamento emissor bracejasse em águas revoltas, em direção ao pensamento receptor... Às vezes, nós, os desencarnados, temos a sensação de que trafegamos sobre uma via de substância pegajosa que, parcialmente, nos obstrui os movimentos.

Outro fato que gostaria de mencionar é o seguinte: após o término da reunião mediúnica em que tivera oportunidade de me expressar, através da projeção do pensamento, uma companheira do grupo observou ao médium que, em resposta, apenas sorriu: — "O Dr. Inácio hoje não quis brincar; falou tão sério, que eu cheguei a pensar que não fosse ele..."

Agradecendo à distinta irmã – aproveito o ensejo que ela me proporciona para dizer que, nem sempre, o assunto comporta anedotas; porque goste de me apresentar descontraído, como de hábito sou, não significa que me falte circunspecção quando a conversa assim o exige, pois, afinal, não sou um comediante. E, ainda, mesmo no Plano Espiritual, existem dias e momentos em que não estamos para brincadeira, embora, em mim, estes dias e momentos durem muito pouco – graças a Deus!

— Ué! – já quase posso ouvir alguém dizer –, os espíritos também ficam deprimidos?

Que o engraçadinho não se apresse a tirar conclusões precipitadas do que digo. Não se trata de depressão; todavia, se se tratasse, o que haveria de mais? Os espíritos são ou não são seres humanos? O fato de estarmos fora do corpo não quer dizer nada além disto: que estamos fora do corpo! Todos, neste Outro Lado, somos passíveis de certas variações de humor; e, com todo respeito, encarnado ou desencarnado, de mediana evolução para baixo, como é o caso da maioria de nós outros (você, talvez, seja exceção!) que diz jamais vivenciar estados depressivos, é mentiroso. Somente aquele que vivesse completamente alheio à sua própria realidade íntima (talvez seja o seu caso!) não experimentaria, ainda que passageiro, um sentimento de tristeza por tanto tempo perdido, ou inaproveitado, ao longo das experiências reencarnatórias até aqui vivenciadas. A constatação da imortalidade aos espíritos conscientes não é bastante para deixá-los em confortável situação no além-túmulo! Qual ocorre àqueles que se revelam mais lúcidos na carne, no que tange à necessidade de maior burilamento espiritual, e que se esmeram no trabalho com redobrados esforços no anseio de recuperar o tempo que se foi quase inútil, nós, os que o Espiritismo acordou ou está gradativamente acordando, não conseguimos nos dar por satisfeitos onde presentemente nos situamos. Muitas vezes, digo-lhes, nos dividimos entre a vontade de um rápido regresso à Terra, reencetando tarefas malcomeçadas, e a necessidade de permanecermos laborando nas dimensões espirituais, inclusive, em melhor preparo para o tentame.

Avançando um pouco mais nas informações que sempre de nós solicitam, esclareço-lhes, dentro do que me é consentido, que temos pensado, Odilon, Modesta e eu, junto a outros amigos, em constituirmos um grupo de estudos, que nos enseje, desde agora, permutarmos impressões, aprofundando no conhecimento de nós mesmos, objetivando, no porvir, reencarnar com mais ampla conscientização do significado, para o espírito imortal, de sua transitória experiência no corpo. O mesmo, creio, os que labutam presentemente nos domínios da matéria densa deveriam fazer, no que tange ao seu retorno à Vida Espiritual.

O nosso humilde e despretensioso esforço em nossos comunicados para a coletividade espírita não objetiva senão concorrer para o seu melhor aproveitamento do tempo na existência física, desencarnando, amanhã ou depois (tomara que seja mais depois do que amanhã!), sem ignorar tanto a própria realidade.

Pretendemos, assim, nós três, com a participação de companheiros que se revelarem interessados e maduros para tanto, estudar o mapa de nossas pregressas experiências, até onde nos for dado nelas recuar, verificando fragilidades e, psiquicamente, nos fortalecendo, para que o olvido temporário não nos acometa tão inapelavelmente, ao ponto de, na carne, esquecermos os compromissos assumidos. A reencarnação não nos deve valer pela quantidade, mas, sim, pela qualidade. Indispensável dizer que, neste sentido, a Doutrina Espírita sempre nos norteará à luz imarcescível do Evangelho de Jesus. A uma conclusão, porém, importantíssima já chegamos: sem Jesus, nada faz sentido! Todo esforço, por mais momentaneamente produtivo, seja em que campo for do Conhecimento, necessitará ser reiniciado. O próprio Espiritismo, sem Jesus, não faz sentido! O que as trevas combatem na Doutrina é a presença do Cristo, desarticulando, em seus núcleos do trabalho as iniciativas voltadas para a caridade; o que se pretende não é impedir a multiplicação do pão para os famintos, mas, sim, a propagação da luz para os que jazem nas sombras!

E, é óbvio, como semelhante oposição se revelaria flagrante, caso partisse dos adversários confessos da Doutrina, os espíritos infelizes, em tática sub-repetícia, a estão suscitando pelos lábios de seus próprios adeptos, mormente dos que exercem algum tipo de influência e liderança.

Aqui, a tal altura de nossas reflexões, vale a pena recordar parte do discurso proferido por Allan Kardec, em 1862, quando, então, empreendeu a sua mais longa viagem de propaganda da Doutrina, percorrendo mais de vinte cidades e, num lapso de seis semanas, presidindo a mais de cinquenta reuniões: "Se, entre vós, há dissidências, causas de antagonismos, se os grupos, que devem todos marchar para um objetivo comum, estiverem divididos, eu o lamento, sem me preocupar com as causas, sem examinar quem cometeu os primeiros erros e me coloco, sem hesitar, ao lado daquele que tiver mais caridade, isto é, mais abnegação e verdadeira humildade, pois *aquele a quem falta a caridade está sempre errado, assistido embora por qualquer espécie de razão..."* (grifamos)

Adiante, em seu precioso pronunciamento aos grupos de Lyon, sua terra natal, e Bordeaux, acrescenta com sabedoria: "Se, pois, eu tivesse de opinar em uma divergência, eu me preocuparia menos com as causas e mais com as consequências. (...) *Minha medida de apreciação seria, então, a caridade, isto é, eu observaria aquele que menos mal diz de seu adversário, aquele que é o mais moderado em suas recriminações"*. (grifamos)

Infelizmente, muitos companheiros espíritas têm, na atualidade do Movimento, alcançando, em 18 de abril de 2007, 150 anos de labor, relegado a plano secundário a palavra e, sobretudo, a conduta exemplar do Codificador. O que, de maneira geral, se encontra vigorando entre nós é o personalismo, a vaidade e a ambição! Temos nos esquecido de que, a par da excelência de sua Mensagem, a força da Doutrina, neste um século e meio, tem sido a união de seus adeptos, produzindo como fruto o trabalho no campo assistencial. A caridade, sem dúvida, é o nosso melhor cartão de visitas; através dela, em tempos difíceis, é que o Espiritismo veio conquistando cidadania... Agora, porém, aqui e ali, erguem-se vozes, adentro de nossas próprias trincheiras, com o propósito de desmantelá-las, abrindo brechas infiltrativas aos opositores do Cristianismo Restaurado.

Que os espíritas sinceros e leais à Doutrina façam ouvidos moucos aos argumentos disfarçados dos que pugnam pelo elitismo e por um falso intelectualismo. Muitos se referem à caridade como se dela não fossem os maiores necessitados. Ninguém carece tanto dos benefícios da excelsa virtude quanto aquele que é chamado a praticá-la! É o que parecem não entender os que querem bani-la dos centros espíritas, chegando a propor sua extinção – combatendo até as reuniões mediúnicas de desobsessão, nas quais, em terapia grupal, espíritos e médiuns são tratados. Seria, para tais, excelente exercício de humildade e, consequentemente, preventivo contra obsessão a anônima tarefa de se transmitirem passes nos enfermos, em visita aos hospitais e casebres da periferia.

Desculpem-nos, mas o Espiritismo está mais necessitado de adeptos que arregacem as mangas da camisa, encharcando-a de suor, do que se mostram de paletó e gravata! De minha parte, nada contra um terno bem feito, de preferência de linho 120, que eu acho que nem mais existe. Por favor, senhores protestantes reencarnados, não se apeguem literalmente às minhas palavras – poupem-me! Não é possível que aqui eu tenha que me explicar, como sequer tive de fazê-lo para os meninos do "Lar da Criança Feliz"...

28

O trabalho no hospital se desdobrava, intenso. Interessante: com a tarefa do livro mediúnico, as nossas singelas atividades neste Outro Lado haviam aumentado consideravelmente; não se passava um dia, sem que um confrade ou confreira recém-desencarnado, nos procurasse, desejando ocupação... Em consequência, estávamos construindo um novo pavilhão, um prédio que, em verdade, quase dobrava a capacidade do hospital, tanto para receber pacientes quanto voluntários para serviço.

Antes, pois, de iniciar os atendimentos agendados para aquela manhã, fui, com Manoel Roberto, visitar as obras de construção em andamento.

— Tanto – comentei – criticava os padres que nunca acabavam de construir, que, agora, estou na mesma... Isto aqui, de fato, está parecendo igreja em reforma! Meu Deus, como a Lei é implacável: não deixa a gente sem retorno em absolutamente nada!... Estou pagando língua!

Manoel sorriu e observou:

— Doutor, esse tipo de "pagamento" é uma bênção... No fundo, sei que o senhor está imensamente feliz.

— Não venha colocar "panos quentes"... Você, em vez de ser enfermeiro, deveria ser diplomata, pois está sempre tentando contemporizar. Eu não sei onde é que tudo isso irá parar... Não ando tendo tempo nem mais para cheirar rapé!

— O senhor não cheira rapé...

— Se quero cheirar, você não tem nada com isso; cheiro, sim, teoricamente, em homenagem ao pessoal *lá embaixo*...

— Doutor, veja! O Germano está vindo conversar conosco – apontou Manoel o amigo que se aproximava.

— Meu caro Germano! – saudei-o, com fraterno aperto de mão. — Como vai?

— Graças a Deus, bem, Doutor – respondeu-me. — Muito grato pela oportunidade de trabalho que está me concedendo.

— Ora, você é um dos melhores arquitetos que conheço! Terminaremos no prazo previsto?

— Se pudesse me enviar mais uns oito, dez serventes... Estamos apertados, para daqui três meses.

— Temos lá uma turma de médiuns que, com alguma orientação, penso que conseguirá carregar tijolos, pedras... O Manoel providenciará.

E, virando-me para auxiliar:

— Diga-lhes, Manoel, que é terapia ocupacional, prescrição minha.

— Como haverei de selecioná-los?

— Os mais teóricos... Essa turma que nunca soube o que é construir uma instituição espírita precisa aprender. Carregar pedras é um excelente exercício mediúnico...

— Doutor – aparteou o arquiteto –, o senhor continua prático do mesmo jeito, não?

— Continuo, mas dê-me o seu testemunho; quero ouvi-lo falar em alto e bom tom...

— Estou à disposição.

— Germano, você era espírita?

— Lia alguma coisa, não é, Doutor? Nunca fui de frequentar... Eu era...

— Um poeta, eu sei... Você gostava mesmo era de frequentar um bar, cercado de lindas garotas, com aquele seu carrinho invocado...

— Um bugre!

— Como você esperava que fosse a Outra Vida, ou seja, a vida em que estamos?

— Sinceramente, eu não esperava nada... Sempre acreditei em Deus e... em algum tipo de imortalidade. Para mim, no entanto, o Espiritismo, a bem da verdade, era apenas uma doutrina religiosa mais inteligente que as outras.

— Esperava prosseguir na condição de arquiteto e construtor?

— Não! A minha concepção de Vida Espiritual não incluía esta realidade: continuar lidando com cálculos matemáticos, desenhos geométricos e, o que é pior, com pedras, tijolos, ferragens...

— Pedreiros, serventes, eletricistas...

— E fregueses exigentes como o senhor (desculpe-me), que, não sendo arquiteto, quer entender de Arquitetura; não sendo construtor, quer entender de construção...

— O bom psiquiatra dá palpite em tudo e mais alguma coisa; a gente é metido a saber o que se passa na cabeça de vocês... Mas responda-me: para você, em essência, o que é a Arquitetura?

— Arte, Doutor, arte de imaginar, de criar, de conceber... Colocamos a ideia no papel, extraindo-a do aparente nada! É como se a apanhássemos no ar...

— Um projeto?...

— Inicialmente, é uma criação mental – construímos, com o auxílio das mãos, o que o pensamento plasma ideologicamente.

— Em suma: fazemos com as mãos o que não logramos fazer com a mente...

— Correto.

— Seria, então, apropriado dizer que o projeto de um edifício, por exemplo, é o seu "perispírito"?

— Nada se constrói ou existe senão a partir de um modelo preexistente, elaborado com maior ou menor antecedência... Somente o Criador é Modelo de Si Mesmo!

— Gostei: "Somente o Criador é Modelo de Si Mesmo"! O Incriado!... A Terra teria um "perispírito", um "corpo espiritual", a partir do qual se materializou pela agregação das partículas dispersas?

— O senhor é danado, Doutor! – sorriu, Germano –; não perde tempo em mexer com a cabeça da gente...

— O Verbo Criador é o Pensamento Divino! Todas as coisas têm uma natureza espiritual.

— Mais do que lógico.

— E você aqui, transpirando...

— E como, Doutor!

— "Brincando" de empilhar pedrinhas...

— Eu não poderia supor que em plano mais elevado...

— Mais próximo do Centro da Criação, todavia ainda infinitamente aquém!

— ...continuaria a fazer a mesma coisa, com a mesma matéria-prima!

— Pedra, tijolo, areia, cal, cimento... É, a gente pensa que irá construir com a força do pensamento, manipulando os fluidos imponderáveis da Natureza. Um dia, chegaremos lá...

— Por enquanto, todavia?...

— Manipularemos ectoplasma nos elementos ponderáveis à nossa disposição, na dimensão espiritual em que nos situamos.

— Que coisa, Doutor! – exclamou Germano.

— Por agora, a nossa mente não consegue outro ponto de referência, senão a matéria; inferimos daí o estado de primitivismo em que vivemos...

— No Plano Espiritual, continuamos a lidar com matéria!

— Mas – falei – vamos ao que interessa. Com o reforço de alguns serventes, você concluirá a obra no prazo previsto?

— Se não chover muito, não é, Doutor?

— Mais essa!... É de deixar baratinada a cabeça de qualquer, *lá embaixo.*

— O senhor se preocupa muito... Deixe estar! Se contar a eles como as coisas, de fato, são por aqui, não acreditarão. Eu conheço alguém que conhece o Espiritismo profundamente, sabe quase de cor as obras de Allan Kardec... Nem ele, Doutor, acreditará. Já o ouvi, certa vez, falar sobre o Mundo Espiritual como algo meio mágico, etéreo, mais rarefeito que o orvalho da noite...

— Espíritas apegados à letra da Codificação – sentenciei –; uma nova versão de ortodoxia religiosa. Conheci e conheço muitos assim: eles não pensam, não interpretam, não deduzem com a lógica... Tomam tudo de forma literal, atendo-se apenas e tão-somente ao que está escrito.

— "Em a Natureza, nada dá saltos" – não se trata de um axioma espírita?

— Sim – respondi –; adotamo-lo também. Significa que não há modificações abruptas, com a própria matéria transitando de um estado para outro, lentamente.

Enquanto assim falávamos, fomos interrompidos pelo pedreiro encarregado da construção que, aproximando-se, abordou o arquiteto.

— Dr. Germano, desculpe-me, mas estamos precisando que dê uma olhada no encanamento; creio que seria conveniente e prático modificarmos o percurso...

— O encanamento d'água? – perguntei, curioso.

— Em um dos trechos, está passando rente à tubulação elétrica...

— Então, vão logo, Germano, que eu não tenho elementos mediúnicos para descrever um curto-circuito no Além... Vá, meu filho! Não me obrigue a tanto!

— Doutor – disse-me Germano, afastando-se para averiguar o problema –, diga ao pessoal encalacrado no corpo que só existe um meio de não lidar com a forma: é transcendê-la! Enquanto o homem for homem...

— É o que tenho tentado fazer – respondi –, mas a turma está apegada... Prefere continuar entrando pelo cano e saindo pela tubulação!

29

— Doutor – explicou-se o primeiro paciente daquela manhã – eu não aguento mais! A saudade de meus filhos e netos é muito grande! Não sei o que fazer...

— Minha irmã – ponderei –, a sua ficha me diz que deixou a Terra há menos de dois anos.

— Um ano e oito meses, para ser precisa. Estou sentindo muita falta... Os meus filhos são tudo para mim.

— Convém tentar controlar-se.

— Compreenda, não estou reclamando de nada; estava mesmo muito doente, e o corpo não suportava... Fui a diversos especialistas, tomei muitos remédios; nada me faltava...

— Não se reencontrou aqui com outros familiares?

— Sim, com alguns, que pude rever e abraçar, porém os meus afetos mais caros, que são meus filhos e netos...

— Quando a saudade da Terra é grande no espírito, ele costuma precipitar a sua volta...

— Eu não me importo; constatei que a morte não existe mesmo!...

— Não obstante, a senhora viveu como uma pessoa comum. Foram mais de 80 anos, absorvida pelas atividades do lar.

— Não tive outras oportunidades; quase não saía de casa e...

— Pouco ou quase nada leu, pouco se interessou por temas mais profundos, em matéria de crenças... Seria interessante que, antes de um novo regresso, estudasse, procurando, ao menos, atualizar-se; a senhora sabe, é o pensamento que nos dirige... Reencarnar para diminuto aproveitamento, não sei... A senhora tem méritos para optar...

— Ah, Doutor, eu quero estar onde estão os meus filhos!

— Reencarnar, porém, sem planejamento futuro? Não se dava bem com o seu esposo... Pretende casar-se novamente? Com quem? Pretende ter filhos?...

— Filhos, eu já tenho os meus...

— Há um equívoco que precisa ser desfeito. Compete-me informá-la com clareza. Os seus filhos estão com mais de 50, beirando os 60 de idade, não?

— Dois já têm mais de 60...

— Se a senhora, digamos, conseguir reencarnar nos próximos 6 meses... Onde reencarnaria? Os seus filhos, tanto na paternidade quanto na maternidade, esgotaram a cota. Algum neto casado? – perguntei.

— Um neto...

— Aqui está escrito: F., casado, pai de três filhos, vasectomizado... Impossível!

— ...e uma neta.

— Está aqui: D., casada, sem filhos, compromissada com dois espíritos para daqui 2 anos... A senhora teria que esperar...

— Não tenho prioridade?

— Não, não tem. E aviso-lhe: a reencarnação à revelia é um desastre!

— Eles também choram muito por minha causa; eu os ouço com frequência, lamentando o meu desenlace... Se pudesse conversar com a neta D....

— E o esposo dela? A. compromissou-se com estes dois espíritos: o primeiro é o seu próprio avô, que ele mal conheceu; o segundo é um desafeto que foi por ele lesado... Ambos já se encontram em serviço preparatório.

Olhei-a com pesar e prossegui:

— Minha irmã, a senhora voltou ontem da Terra... Acalme-se! Todos carecemos de um certo tempo de adaptação por aqui. Segundo a sua ficha, os seus conhecimentos são precários...

— Tenho bom coração!

— Na média, não acima. A sua formação religiosa a impediu de deslanchar, inclusive no campo do amor ao próximo. Ia às missas e...

— Participava delas com fervor.

— E quanto à caridade?

— Como?! Se, em casa, mal tínhamos o pão de cada dia?

— Recebeu diversos convites para servir como voluntária... Aqui está escrito.

— Não partiram de gente da minha religião...

— A caridade não tem cor religiosa.

— A minha reivindicação é justa; os filhos são meus...

— A sua reivindicação é justa, mas os filhos são de Deus!

— E se eu insistir?

— Será por sua conta e risco; levará um transtorno para os que ama... Deixe-me fazê-la enxergar um outro ângulo da questão, se me permite.

— Vim procurar o senhor porque confio, sei que é um homem de bem.

— Dizia, instantes atrás, que se, porventura, conseguisse reencarnar nos próximos 6, 12 meses, enfim, no prazo de 1 ano, os seus filhos, que contam por volta de 60 de idade, não teriam muito tempo com a senhora e nem a senhora com eles.

— Como assim?

— Ficaria com eles por lá, novamente na Terra, de 10 a 15 anos no máximo! Ao passo que, caso decida espera-los aqui, desfrutará de mais longa convivência – em torno, talvez, de 40, 50 anos ou, quem sabe?, até mais.

— O senhor me desmonta...

— É a matemática, minha irmã, não eu.

— Mas a reencarnação não é necessária?

— Sim, no entanto, reencarnar por reencarnar...

— Por saudade, Doutor!

— ...não é racional. O espírito não progride apenas na Terra. A senhora está me dando oportunidade de abordar um assunto sério que os próprios espíritas, por vezes, ignoram: para o espírito em evolução, a vida do Lado de Cá é tão ou mais produtiva que a vida no corpo de carne! A *cópia* está lá, na Terra, e não aqui, de onde tudo procede para a dimensão material. Este é o nosso mundo e não aquele, que, a rigor, não passa de uma projeção materializada de nosso orbe.

— Sei que está com a razão, todavia, para uma mãe saudosa e de escassos conhecimentos como eu...

— Permita-me continuar – solicitei. — Não tão parcos conhecimentos assim... A senhora, ou seja, você é um espírito milenar! Está chegando a hora de realmente *nascer,* viver com maior lucidez, alcançar a sua maioridade espiritual. Temos, é claro, que amar, mas não orbitar indefinidamente ao redor daqueles que amamos; adquirindo mais luz, lhes poderemos ser mais úteis... As pessoas necessitam começar a viver na Terra com a consciência de que são passageiros em trânsito – a existência física é um serviço de baldeação, em que se apeia de um ônibus e se toma outro, em direção à definitiva estação de nossos destinos.

— Se é assim, pelas contas que o senhor fez, vale a pena esperar...

— Aproveite, ao máximo, para trabalhar e estudar. Vejo-a, minha irmã, sem que seja vidente ou coisa que o valha, com um pano amarrado à cabeça, avental preso à cintura, do fogão ao tanque de lavar roupas, todos os dias...

— É verdade!

— Fazendo jus ao ditado, carregando pedras, enquanto descansa... Não, perdoe-me. O amor de mãe e de avó é sublime, e quem sou para questioná-lo, mas, tanto quanto nós, os outros também precisam aprender a viver... Os seus filhos e netos carecem de se virar sem a sua abnegação; não é justo que sacrifiquemos alguém tanto assim... Estamos no terceiro milênio da Era Cristã, minha irmã! Com todo o respeito, a senhora já deve ter se cansado de colocar filhos no mundo, exausta de ser subserviente ao marido, em uma sociedade machista... Não, chega! Valha-se, agora, da disciplina conquistada à custa de muito suor, noites maldormidas e tarefas domésticas estafantes, para estudar, descerrando a si mesma novas perspectivas.

Pausei de propósito e observei:

— Espere o seu marido procurá-la...

— Eu nem sei por onde o coitado anda!

— Lá pelo Umbral Grosso, com certeza...

— Não, ele não era de todo mau!

— Então, como eu ia dizendo, espere que ele a procure e faça-lhe a proposta de inverter as coisas...

— Como assim, *inverter?!*

— Ele volta como mulher e você como homem...

— Doutor, é possível?...

— Minha filha, você reencarna desde que é pedra! Na condição de princípio espiritual, você foi pedra, planta, bicho... Faz muito pouco tempo que a gente é *gente* – 40.000 anos, por aí!

— O Adolfo não vai querer...

— Tenho quase certeza, que não; ele não é bobo... Reencarnar como mulher e, ainda por cima, mãe?! Aposto que ele irá abjurar a ideia. Por mais que as coisas tenham evoluído, quando marido e mulher se separam, os filhos ficam com a coitada, que a justiça dos machos, não das fêmeas, manda beneficiar com um mirrado salário-família, mirrado e vergonhoso!

— Ah, não, os filhos são meus!...

30

— Desisto, minha irmã! – exclamei, erguendo-me da cadeira.

— Está tudo certo, mas os filhos são meus – repetiu com ênfase.

— É, eu não sei quando vou estar preparado para ser mãe, se nem cheguei a ser pai!...

— O senhor não teve filhos?

— Que eu saiba, não!

— Doutor, o que o senhor faz com a gente, que deixa a gente assim, tão... aliviada?

— Nada, eu não faço nada; a minha função é conversar...

— O senhor tira muito peso da cabeça da gente...

— E ponho todo em cima da minha!

— Como?!...

— O espírito, minha filha, não é pai, não é mãe, não é homem, não é mulher – o espírito não tem sexo! Não quer dizer que não tenha sexualidade... Isto é outra história, que não discutiremos agora. Todavia, para evoluir, o espírito precisa ser mãe e pai, não ao mesmo tempo, é claro!

— E?...

— Eu estou aqui me imaginando na condição de mulher, casado com um machão... Definitivamente, não dá!

— E para mim dá, reencarnar como homem?...

— Depois de estagiar muitas vidas na maternidade, o espírito, se reencarna homem, é mais dócil, sem que, necessariamente... Bem, não seja lá tão convicta de sua condição. Trata-se, porém, de uma outra história, um pouquinho mais complicada, sobre a qual não sinto agora vontade de conversar.

— Ah, Doutor, mas a saudade dos filhos!...

— Por favor, não recaia. A senhora está reagindo bem... Todos somos filhos de Deus. Reencarnar homem ou mulher, negro ou branco, bonito ou feio, alto ou baixo... Tudo se resume em experiência adquirida. O espírito transcende todas as formas. Veja a senhora: estamos *mortos* e, no entanto, a vida é quase a mesma; não mudou quase nada...

— Não, eu vou seguir a sua orientação; esperarei os meus filhos aqui e...

— Renove-se, rejuvenesça! Há quanto tempo não vai a um salão de beleza?

— Nunca fui...

— E que não esmalta as unhas?

— O Adolfo não gostava.

— Coitado! Renascerá uma sirigaita...

— Hem?!

— Eu estava pensando alto... Não se preocupe, tenho a mania de, por vezes, para não dizer quase sempre, falar sozinho: coisa de psiquiatra e médium...

— Era raro eu usar esmalte...

— Ia ao cinema? Ele a levava?

— Não! Dizia que não era coisa para mulher de respeito frequentar.

— Mas ele ia?

— Sempre; apreciava filmes de faroeste...

— Pelo menos, lia jornal?

— As vistas não me ajudavam: catarata, Doutor...

— Presentes no aniversário?

— No começo...

— No começo não conta.

— Os meus filhos, sim, me presenteavam.

— Que peça rara esse Adolfo! Gostaria de conhecê-lo. Procurarei saber em que muquifo da Vida Espiritual ele se encontra...

— Ele era bom!

— Ótimo!... – ironizei.

— Muitas conhecidas minhas apanhavam de seus maridos...

— Bestas que eram! Deveriam deixá-los, chamar a polícia, dar parte, pô-los na cadeia...

A paciente silenciou, qual se estivesse vasculhando as suas reminiscências, e voltou a falar:

— Uma vizinha minha, de nome Joaquina, grávida de sete meses, apanhava tanto do marido, que abortou... Coitada! Não resistindo a tanto sofrimento, bebeu um copo de soda cáustica. Foi uma tristeza!...

— Disse que a mulher era louca, arranjou um advogado e... não sei. Preso ele não foi!

— Eu o teria castrado...

— Hem?!...

— Não! É aquela minha mania de psiquiatra e médium...

— Doutor, a caridade...

— É, eu o castraria com anestesia, é claro!

— O senhor está brincando! Não pode estar falando sério...

— Deixemos em suspense.

— Não se importa de que se pense que esteja falando a verdade? Um homem como o senhor...

— Não, não me importo. Se há algo que sempre me tirou do sério é a violência praticada contra mulher e criança; custa-me conter e... ainda bem que não sou Deus.

Com a consulta prestes a ser encerrada, recapitulei alguns pontos importantes do diálogo que entabulava com a paciente.

— Então, minha irmã...

— O senhor me convenceu. Procurarei, sim, estudar e conseguir um serviço.

— Que lhe enseje conhecer novas pessoas, vivenciando outras experiências; o espírito necessita ampliar o seu leque de oportunidades... As suas virtudes são inegáveis no campo da renúncia e do amor à família, porém não basta.

— Entendo.

— A senhora não pode atravessar a Eternidade como dona-de-casa. Marta e Maria eram irmãs de Lázaro, amigos de Jesus, que os visitava. Em uma dessas visitas, segundo relato do Evangelho, Marta inquiriu o Senhor sobre a conduta da irmã, despreocupada das lides domésticas. "...e esta (Maria) quedava-se assentada aos pés do Senhor a ouvir-lhe os ensinamentos.

"Marta agitava-se de um lado para outro, ocupada em muitos serviços. Então se aproximou de Jesus e disse: Senhor, não te importas de que minha irmã tivesse deixado que eu fique a servir sozinha? Ordena-lhe, pois, que venha ajudar-me.

"Respondeu-lhe o Senhor: Marta! Marta! Andas inquieta e te preocupas com muitas cousas.

"Entretanto pouco é necessário ou mesmo uma só coisa; Maria, pois, escolheu a boa parte e esta não lhe será tirada".

— Bonita passagem! – exclamou a paciente, com os olhos marejados.

— Toda mulher, se precisa ter um pouco de Marta, necessita ter muito mais de Maria; não é só lidar com panelas, fogão...

— ...e tanque de lavar roupas!

— As facilidades materiais e tecnológicas que as Leis da Vida estão concedendo às donas-de-casa são para lhes dar maior independência ao espírito, a fim de que igualmente cultivem os valores do intelecto. E se, na atualidade, os homens estão sendo chamados a participar das tarefas que, antes, eram relegadas tão-somente às mulheres, principalmente na formação do caráter dos filhos, é para que se desenvolvam no aspecto do sentimento. Uma nova cultura psico-emocional, há de nortear os passos da Humanidade neste terceiro milênio; o espírito masculino necessita "incorporar" a parte boa do espírito feminino, e vice-versa, ambos fugindo aos extremos de sua própria psicologia.

— Agradeço-lhe, Doutor, pelos esclarecimentos.

— A senhora desculpe o meu jeito; às vezes, reconheço, me empolgo e extrapolo...

— Não, não extrapola.

— Sabe o significado da palavra "extrapolar"?

— Engraçado, é a primeira vez que a ouço, mas, em meu íntimo, fui capaz de traduzi-la; soou-me com o significado de "ir além", "exceder"...

— Está vendo como possui informações armazenadas no subconsciente, a serem desentranhadas? E, não faz muito, à mulher era vedado acesso aos bancos escolares, inclusive.

— Não quero tomar mais de seu precioso tempo, Doutor; agradeço-lhe pela atenção... Creio que, em toda a minha vida, ninguém nunca se dispôs a me ouvir e a falar comigo como o senhor.

— Exageros à parte, tudo bem. Espero ter notícias suas. Se precisar, conte sempre conosco.

Quando ela se ergueu da poltrona, tive a nítida impressão de que aquela senhora era uma outra mulher; em sua rápida conversa comigo, ela como que rejuvenescera – não mais o semblante cansado e abatido, olheiras profundas, rugas em profusão nas faces macilentas...

— Deus lhe pague, Doutor! – despediu-se à porta do consultório.

— Não a mim, insolvável devedor de sua Infinita Misericórdia – redargui, apertando-lhe a destra que me estendera.

Não se passou um minuto, Manoel Roberto anunciou-me o segundo paciente da manhã.

— Posso fazer entrar o próximo? – inquiriu-me.

— O patrão aqui é você, Manoel; tenho que dar conta de sua agenda e não da minha... Estou começando a pensar que, de fato, você é meu chefe!

31

— Dr. Inácio, como vai? – saudou-me, efusivamente, o companheiro. — Para mim, é uma alegria consultá-lo.

— Idem, mas você não me parece doente.

— Doutor, as minhas ideias não andam bem, quero mudar e não consigo. Fui médium e continuo sendo...

— Mediunidade é sentido que tende a se expandir na criatura, e não se encolher. O problema é de direcionamento, em suma, o que se faz com ela.

— Como deve estar anotado aí, em sua ficha, o meu nome é Policarpo. Conheci o Espiritismo com 28 de idade e... fiquei empolgado.

— A Doutrina é maravilhosa!

— Comecei a ler e a ler; logo, as faculdades de psicofonia e psicografia se me desabrocharam... Eu sentia comigo o pensamento dos espíritos – aquilo, definitivamente, não era meu!

— Peço a você que, se possível, sintetize – solicitei.

— Bem, entusiasmado, depois de quatro anos, fui a Uberaba conhecer Chico Xavier, logo que ele fixou residência por lá. Que criatura fantástica!

— Em todos os aspectos, como médium e... como ele mesmo! Sem qualquer parâmetro de comparação.

— Hospedei-me numa pensão e fiquei duas semanas participando daquelas reuniões memoráveis.

— Às segundas-feiras, às sextas e aos sábados.

— Inclusive, daquela peregrinação à noite, realizada aos sábados, quando, à luz de um lampião, ele visitava alguns casebres na periferia...

— À época, a "Comunhão Espírita-Cristã" se localizava na periferia da cidade; estive lá diversas vezes, sujando de lama as rodas do carro...

— E os sapatos também, Doutor! No último dia, logo após a sessão pública de psicografia, consegui conversar com ele – enfrentei a fila e, de madrugada, apertava a sua mão abençoada.

O confrade, neste ponto da narrativa, emocionou-se e lágrimas lhe afloraram aos olhos.

— "Policarpo, meu filho – disse-me ele, Doutor, chamando-me pelo nome –, o caminho é repleto de flores, mas existem pedras também... Muito cuidado. Não se desvie da trajetória... Mediunidade, por já estar na cabeça, sobe com mais facilidade à cabeça da gente..." Ele, com certeza, estava antevendo o que aconteceria comigo.

— Falava por parábolas...

— Saí de lá empolgado e voltei para a minha cidade, disposto a fazer da tarefa de médium um apostolado. Uni-me a outros companheiros e construímos um centro em pobre e afastado bairro, com atendimento semanal aos mais carentes, crianças e senhoras principalmente. Distribuíamos sopa, remédio, agasalho... Demos início a uma reunião de passes, com explanação de "O Evangelho Segundo o Espiritismo". O grupo exultou, quando, através da psicografia, por meu intermédio, os Benfeitores Espirituais começaram a receitar medicamentos homeopáticos. Doutor...

Policarpo soluçou a sacudir-se na poltrona, retomando a palavra com a voz embargada.

— ...aquilo era uma bênção! Ai, meu Deus, o que foi acontecer! – lamentou-se, consternando-me. — Os espíritos, Doutor, adversários da Doutrina, comunicavam-se, por mim e por outros médiuns, prometendo desmantelar-nos o trabalho; periodicamente, sofríamos, sim, um ou outro ataque externo, que conseguíamos debelar sem maior dificuldade... Pobre de mim, que não suspeitava que eu próprio haveria de ser o instrumento para que as trevas pisoteassem aquele canteiro de luz – era justamente este o nome de nossa casa: "Canteiro de Luz"!

— Sugestivo nome.

— Durante três, quatro anos, tudo correu como se a nossa casa singela fosse um posto avançado da Espiritualidade na Terra.

— Como, de fato, todo centro espírita bem-orientado o é – observei.

— Um dia, porém, conheci um confrade muito culto, que passei a admirar por sua inteligência e facilidade de expressão.

— E a influência de Chico Xavier em você? – perguntei.

— Foi, aos poucos, sem que eu percebesse, se substituindo; o que, confesso, não demorou para repercutir nas tarefas da instituição... Eu não sei o que houve; até hoje, eu não sei o que se passou. O certo é que, acompanhando o referido irmão, hoje desencarnado, comecei a mudar, pois afinal...

— Era mais fácil ser igual a ele do que a Chico Xavier!

— Exatamente.

— Não estou, é óbvio, me referindo ao aspecto mediúnico – louco, quem intentasse copiar Chico em termos de mediunidade!

— Concordo plenamente.

— Cada médium é o que é, como está e onde está! Se o seu propósito for bom, a qualquer hora ele poderá ser utilizado nos planos da Espiritualidade Superior.

— Doutor, o senhor não vai acreditar...

— Vou, porque já conheço de velho essa história!

— Alguém falou de mim ao senhor?

— A sua indagação é sintomática, resquício de personalismo. Não, eu nunca ouvi falar sobre você.

Policarpo sorriu amarelo e prosseguiu:

— Passei a andar mais bem vestido...

— De paletó e gravata?

— Não cheguei a tanto, mas até os meus gestos modifiquei, estudando impostação de voz...

— Valha-me Deus!

— Perdi a simplicidade...

— ...e, o que é pior, a originalidade!

— Todo o mundo notava, menos eu. Se alguém tentava me alertar, fazendo qualquer insinuação, eu...

— Expulsava do centro.

— Deixei de participar da sopa; reduzi, ao máximo, o serviço de receituário mediúnico; incrementei cursos de Psicologia...

— Diminuindo o espaço do Evangelho!

— Valendo-me do ensejo – indagou-me –, o que o senhor acha da Psicologia unida ao Espiritismo?

— Desde que não seja o inverso, excelente.

— Como?

— Que não seja o Espiritismo a se submeter à Psicologia. Espiritismo é autoconhecimento com Jesus Cristo!

— E fui, então, indo assim, Doutor – retomou o depoimento pessoal.

— De mal a pior...

— Os amigos se afastaram, vieram outros, sintonizados com a minha nova e equivocada aplicação da Doutrina. O elitismo...

— Essa praga na lavoura!

— ...um dia, me peguei criticando o próprio Chico Xavier! O senhor imagina!...

— Imagino, sim.

— Aquele homem de vida exemplar, em vez de admiração, passou a me causar inveja; e encontrava ressonância em um ou outro...

— Principalmente, entre os espíritas almofadinhas, não é?

— A quais chama de "espíritas almofadinhas"? – inquiriu-me.

— Aos teóricos, aos sabichões, àqueles a respeito dos quais Jesus verberou: "Ai de vós, escribas e fariseus, hipócritas!, porque fechais o Reino dos Céus diante dos homens; pois vós não entrais nem deixais entrar os que estão entrando".

— O senhor tem birra de alguns espíritas, mesmo?

— Não, não tenho, Policarpo; somos todos farinha do mesmo saco...

— A maneira como fala...

— É só para provocar uma *reação de lucidez,* mais nada.

— Muitos, talvez, não enxerguem assim...

— Não é comigo, é com um oftalmologista!

Policarpo sorriu e voltou a perguntar:

— Quais seriam os sinais identificadores do elitismo em nós?

— Recorremos ao esclarecimento dos Espíritos a Kardec, quando questionados – está inserido no capítulo XX de "O Evangelho Segundo o Espiritismo": — "Se, entre os chamados para o Espiritismo, muitos se transviaram, quais os sinais pelos quais reconheceremos os que se acham no bom caminho?" Resposta: — "Reconhecê-los-eis pelos princípios da verdadeira caridade que eles assinarão e praticarão. Reconhecê-los-eis pelo número de aflitos a que levem consolo; reconhecê-los-eis pelo seu amor ao próximo, pela sua abnegação, pelo seu desinteresse pessoal; reconhecê-los-eis, finalmente, pelo triunfo de seus princípios, porque Deus quer o triunfo de Sua lei; os que seguem Sua lei, esses são os escolhidos e Ele lhes dará a vitória; mas Ele destruirá aqueles que falseiam o espírito dessa lei e fazem dela degrau para contentar sua vaidade e sua ambição".

— Não sei quantas vezes, Doutor, li e comentei esse trecho...

— Para os outros, não é?

32

— Confesso que sim, Doutor – redarguiu Policarpo, taciturno. — Eu não sei o que fizeram comigo...

— O que você deixou que fizessem a você!

— Fui envolvido...

— Deixou-se envolver!

— Passei a crer que fosse um espírito diferenciado, com tarefa diferente na Doutrina, uma missão a cumprir.

— É o nosso grande mal: começamos hoje o que deveríamos ter começado anteontem e já nos supomos com as conquistas de amanhã – queremos colher o que não semeamos!

— A minha intenção era a de que a Doutrina ocupasse, o mais rápido possível, o espaço que lhe é devido...

— E você, claro, em um cargo de liderança, sendo bajulado... Policarpo, o personalismo em nós se insinua sob mil pretextos e artimanhas. Seja sincero: alguma vez você se imaginou servindo a todos?

— Realmente, não. O senhor acha possível, Doutor – indagou-me –, que espíritos altamente intelectualizados nos influenciem?

— Tenho certeza. Espíritos obsessores que não aparecem, que não mostram a cara... Sim, o pensamento deles se imiscui, com frequência, em nossas atividades; não nos inspiram erros flagrantes, mas equívocos sub-repetícios, minando o Movimento... Fazem-nos crer que estamos certos, quando redondamente enganados!

— E os Espíritos Superiores nos deixam à mercê?...

— Todos nos encontramos esclarecidos o suficiente para não confundir joio com trigo. É uma questão de sintonia... Essas entidades obsessoras conhecem as nossas fragilidades. Os espíritos que se comunicam nas sessões de desobsessão, confessando os seus propósitos nocivos em relação à Doutrina, são soldados rasos, mandados à frente da batalha; os comandantes não se expõem, vindo para o corpo-a-corpo... Como os Espíritos Amigos poderiam nos alertar mais do que o já têm feito, em inúmeras oportunidades? Para nós, os obsidiados são sempre os outros! Se nos conclamam a maior humildade, estão se dirigindo aos outros e não a nós; se nos solicitam um pouco mais de coerência, conformando as nossas atitudes ao próprio discurso, fazemos de conta que não é conosco...

— Doutor, mas há muita gente grande equivocada...

— "Digo-vos, em verdade, que, se não vos converterdes e tornardes qual crianças, não entrareis no Reino dos Céus" – disse-nos o Mestre.

— Como pode ser?...

— Foi um dos doze que traiu Jesus...

— Ser médium...

— Ser médium ao redor de uma mesa é fácil; difícil é ser médium fora dela!

— O senhor tocou num ponto fundamental; eu quis ser médium só dos Espíritos Superiores...

— Ser médium junto aos espíritos encarnados – eis a mediunidade em seu legado mais sublime! Receber espíritos é a parte boa da mediunidade; a boa parte, no entanto, que se constitui em desafio para todos os medianeiros, é traduzir na prática os seus ensinamentos... O Odilon Fernandes, com quem muito temos aprendido sobre o tema, compara a mediunidade a uma cascata: cai na vertical, mas deve correr na horizontal, fertilizando o campo...

— Então, caí no conto-do-vigário, não é?

— No conto-do-médium, Policarpo!

— Esse companheiro que me influenciou me revelou o que fui em existência passada – disse que eu participei da equipe da Codificação...

— E você acreditou?

— Não nego que fiquei feliz...

— Ora, meu irmão, raros, ou melhor, raríssimos são os médiuns que têm acesso aos arquivos de sua vida anterior, quanto mais aos dos outros! É aquela história do "me engana, que eu gosto"...

— O senhor não acredita?

— Não! Certa vez, tentaram me enrolar assim: um gaiato que apareceu em Uberaba, dizendo que eu havia sido contemporâneo de Sigmund Freud, um de seus mais eminentes cooperadores... Inflei quase igual a um balão prestes a explodir. Felizmente, uma gatinha que estava no meu colo urinou-me todo naquele exato momento... Fui salvo pelo xixi de uma gata! Eu, ali, grande discípulo de Freud, todo mijado...

— Quase acreditou?

— Quase! Se não fosse pela gatinha... Acho que todo espírita, diante de certos médiuns reveladores, devia botar uma gata no colo, mas, na hora em que ela fosse satisfazer uma de suas necessidades fisiológicas básicas, mirar bem na cara deles...

— O Chico nunca revelou nada ao senhor?

— Através das obras dele, me revelou muitas coisas, dentre as quais que sou um espírito altamente devedor... Chico Xavier não fazia esse tipo de tráfico de influência! Por favor, Policarpo, Chico é Chico!...

— Quer dizer que o senhor não crê?

— Pela segunda vez, não! No Chico, e somente nele, eu acreditaria.

— E nos outros médiuns?

— Depende; analisaria muito... A respeito de assunto tão delicado, dou uma de Gestas, o mau ladrão...

— Como?...

— Gestas blasfemou contra Jesus, dizendo: — "Não és tu o Cristo? Salva-te a ti mesmo e a nós também".

Não revelam coisas a si e querem revelar a mim?... Ninguém precisa me enganar, que não fui boa bisca! O espírita, com essas bobagens, fica desmoralizando a Reencarnação!...

— O senhor é franco...

— Não, eu sou Ferreira! Aliás, era... Agora só sou Inácio, e já é muito, pois nem *Inácio* estão querendo me deixar ser; até contra o meu pobre nome estão conspirando... Engraçado: eu estava "mortinho da Silva", ninguém se lembrava de mim; foi só um amigo me oferecer oportunidade de ressurreição...

— O que houve?

— Não, nada, não se preocupe; não houve e nem está havendo absolutamente nada, Policarpo...

— Bem, o que, então, me aconselha?

— O que você acha? – devolvi-lhe a pergunta.

— Não sei...

— Não quer enfrentar, não é?

— Ai, meu Deus – gemeu o médium –, como é duro ser pequeno! A obscuridade...

— ...o anonimato, a renúncia, o sacrifício... O seu remédio está ali, esperando-o – apontei para um canto, detrás da porta.

— O quê, Doutor?

— A vassoura ou o esfregão! Pode escolher! Não faça cerimônia...

— Ai, meu Deus!...

— Deixe-se de gemuras, Policarpo! André Luiz, um dos maiores benfeitores da Humanidade, recomeçou foi assim: limpando vômitos de espíritos no Mais Além... Chico Xavier, eu não sei se você sabe, não aceitava que a serviçal de sua casa lhe higienizasse o vaso sanitário – ele mesmo é que o limpava!

— É?...

— É! Um dia, tendo sido convidado por ele para um café, surpreendi-o saindo do banheiro, com vassoura, rodo e balde nas mãos. — "Chico, o que é isto?" – perguntei. Foi a empregada da casa quem respondeu: — "Doutor, ele não deixa ninguém limpar..." Dali em diante, a minha consciência começou a doer.

— E o que o senhor fez?

— Nada, mas a consciência me incomoda até hoje... Pelo andar da carruagem, Policarpo, a qualquer hora, eu vou ter que cuidar da limpeza de meu W.C.... Por enquanto, não faço questão: se você quiser fazer isso por mim...

O médium sorriu, olhos arregalados.

— É sério! Não estou brincando. Às vezes, você se sente acanhado... Não tenha vergonha.

— Doutor, permita-me, sei que o senhor não gosta de observações positivas a respeito do seu trabalho, porém preciso dizer que estou me sentindo bem melhor. O senhor, com jeitinho, me reintegrou à minha própria humanidade.

— Não era minha intenção fazer com você uma judiação dessas... Eu aqui somente converso, sem saber o rumo da conversa. Sabe, Policarpo, antes que os meus gatos proliferassem tanto, eu criava algumas galinhas poedeiras; quando as asas delas cresciam, começavam a voar por cima do muro... Tive que aprender a tosar-lhes as asas, com uma tesoura afiada.

— Compreendo...

— Era para o bem delas, pois que se perdiam no mato e, não raro, iam parar na panela do vizinho... Você não me leve a mal.

— De maneira alguma! Eu estava precisando ouvir...

— Lamento que continue cabendo a mim essa tarefa *penosa,* não é? – em seu duplo sentido!

33

Quando Policarpo se retirou, agradecendo-me não sei de quê, antes que o terceiro paciente me fosse encaminhado, solicitei a Manoel uns 10, 15 minutos para refletir a sós.

— Meu Deus – monologuei quase em prece –, a que risco nos expomos devido às nossas imperfeições!... Não me deixes, Senhor, perder a simplicidade, contemporizando com o erro! Mantém-me, por caridade, o discernimento, pois como é fácil, de novo, cair, onde tantas vezes já conhecemos a queda... Abençoa os nossos irmãos médiuns na Terra e os companheiros espíritas sob cujos ombros pesa tremenda responsabilidade! Estou convicto de que ninguém se equivoca, seja no que for, em seu perfeito juízo... Somos espíritos doentes, Senhor: cura-nos! Restitui-nos a visão em meio a tanta cegueira... Não nos consintas tergiversar perante a Verdade! A Doutrina é, sem dúvida, a nossa melhor chance de redenção, em muitos milênios...

Assim, fiz soar diminuta campainha e Manoel, diligente como sempre, acompanhou o paciente que, à entrada do consultório, me fulminou com o olhar.

— Meu Deus! – murmurei baixinho. — Parecia que eu estava adivinhando...

— Doutor – disse-me Manoel –, se o senhor não se incomoda, ficarei.

— Tudo bem – respondi, compreendendo o zelo do companheiro por minha integridade.

O homem, chamado Altair, mal se acomodou na poltrona, foi tomado por uma entidade que, aos meus olhos, o fez transfigurar-se.

— Seu canalha! – insultou-me com estupefaciente agressividade na voz, sem, no entanto, ousar partir para uma agressão de natureza física. — Há muito, espero desafiá-lo face a face, mas você vive fugindo... Hoje eu o peguei! Quem você pensa que é?!

— Um bobo, meu irmão, um bobo – redargui, erguendo a destra para conter a intervenção do devotado Chefe de Enfermagem que se preparava para agir.

— Não tire onda de humilde para cima de mim... Você é um poço de vaidade!

— Concordo plenamente.

— Pode enganar a muitos com esse seu jeito de palhaço, não a mim. Eu sei muito bem quem você é...

— Diga-me, então, por favor! É o que eu mais quero saber...

— Nojento! Asqueroso!...

— Eu também acho!

— Vagabundo, explorador de débeis! A vida toda viveu às custas de gente insana... Ah, se o agarro com as mãos!...

— Com certeza, me triturará; eu nunca briguei na vida, meu irmão...

— Irmão, o escambau! Não me provoque, não me irrite... Vamos, diga-me um palavrão daqueles a que está acostumado...

— Perdi totalmente a vontade.

— Ora, você tem uma coleção...

— Na falta de melhor vocabulário... Palavras ao vento!

— Bandido! Você sabe que a sua cabeça está a prêmio?

— Por mais de 1 centavo, será muito...

— Ironiza-me?

— Você sabe que não! Se tem o poder que imagino, leia o meu coração... Eu nada valho!

— E não vale mesmo...

— Menos, muito menos ainda que isso!...

— E não tem vergonha?

— Tenho pelejado para ter... O que me vale é a Misericórdia Divina.

— Não apele; mixórdia divina é que você quer dizer, não é? Covarde! É fanfarrão de longe; de perto é essa... coisa indefinida. Eu quero quebrar tudo isto aqui...

— Eu também quereria!

— Soltar essa corja toda e deixá-la agir...

— Eu também.

— Colocar fogo no mundo...

— O fogo de Jesus Cristo, também eu: "Vim para lançar fogo à Terra; e o que é que desejo senão que ele se acenda?"

— Não pronuncie este Nome – vociferou, contorcendo-se.

— Jesus Cristo?! Como, se Ele é a nossa única esperança de luz?...

— Nossa, não!...

— Minha, então!

— Mais um pouco e você se dobra, não é? – gargalhou estentoricamente.

— Diante do Cristo, até da sombra Dele! Agora, diante de você, não! Só se for para apanhá-lo no chão...

— Maricas, frouxo, orgulhoso... O personalismo chegou aí e parou! Tire essa máscara do rosto... Mostre-se como realmente é!

— De fato, eu sou bem mais feio... Quanto às outras qualificações, agradeço pela advertência. Você tem sido um dos poucos a me falar a verdade... Os amigos só me elogiam e... desconfio deles.

— São seus bajuladores...

— Penso que têm pena de mim... Incentivam-me, nada mais. São corteses.

— Um bando de idiotas, comprando as mentiras que você escreve... Escritor de lorotas!

— Aponte uma...

— Doutorzinho que não sabe nada...

— Não sei mesmo.

— Quero fazê-lo desaparecer de cena...

— Não fará diferença; a peça continuará a ser encenada, quiçá com intérpretes mais talentosos...

— Eu o parto em dois...

— Em mim, essa operação é impossível... Como se dividir em dois pedaços o que nada é?

O espírito silenciou e, através dos olhos do médium, olhou-me de maneira enviesada. Confesso, cheguei a lhe sentir o impacto das pesadas vibrações. Altair, completamente passivo, transfigurado pela entidade que lhe dominava as faculdades, ora se distendia em seu corpo espiritual, agigantando-se, ora se encolhia, como um réptil prestes a saltar sobre a presa.

— Eu não sei o que faço – voltou a falar o representante das Sombras – para que entre em sintonia comigo... Quero a sua cabeça, a sua cabeça!

— Ore – respondi –, e orarei com você...

— Não me provoque... Como ousa tripudiar sobre mim? Estou em desigualdade; queria pegá-lo lá fora e não aqui, onde está protegido por guarda-costas, ou melhor, por seus capangas – disse, alongando o braço na direção de Manoel Roberto e do espaço em torno, aparentemente vazio.

— Considera provocação o convite à prece?

— Ainda terei a oportunidade que espero. Você facilita muito...

— Serei mais vigilante. Você tem razão: às vezes, não considero que alguém possa perder tempo comigo...

— São todos iguais! – bradou com desprezo. — Só têm fachada... Você não viu a que reduzimos aquele que saiu daqui ainda há pouco?

— Foram vocês?...

— É lógico! Estamos em cima de todos; a pressão é constante... Um só que cai arrasta um punhado: efeito dominó! Temos agentes infiltrados em toda parte; muitos de vocês nos pertencem – fazem o que queremos, quando queremos... Notei o seu esforço para recuperá-lo. Falastrão! Com esse seu jeito, é dos mais ladinos; porém a nós você não engana... Nem coragem para uma vida privada você tem!

— Meu irmão, a tentativa de deter a luz é consumada loucura. O Senhor transforma qualquer fracasso em vitória! Contra a força do Amor, não há oposição capaz... Desistam! É perda de tempo... A dificuldade é o combustível da verdadeira fé!

— Desistir? Nunca!... Lutaremos ao derradeiro homem. Vocês hão de pagar muito caro... As coisas estão começando a mudar. Não estão se sentindo importantes? *Intelectuais!...* – gargalhou debochadamente. — Como gostam de destaque, de aplausos, de incenso!... Manipular-lhes o ego é como criança mascar chiclete:

fácil, fácil!... Vocês não aguentam o nosso arsenal – dinheiro, poder e sexo...

— Um arsenal – retruquei – de valores que não existem; todo prazer é fugaz...

— Fugaz, mas muitos de vocês bem que gostam e gostam tanto, que o renovam todos os dias... Doravante, será um escândalo atrás do outro; a rival [creio que se referiu à Igreja Católica] está desmoralizada, gastando milhões e milhões de... dólares, com indenizações, comprando o silêncio das vítimas dos homens de batina...

— Nós, seres humanos, somos frágeis, eu, você... Porém não destituídos da vontade de melhorar. Por mais façam, os integrantes das falanges que se opõem ao Cristo não se destituirão da consciência, através da voz íntima que jamais se calará! Se você mesmo procurar auscultá-la...

— Baboseira! Não recorra a artifícios tão tolos... Tentando me sugestionar, hem? Nessa eu não entro...

34

— Você me perdoe – disse-lhe –, mas preciso trabalhar; o tempo que poderia lhe conceder já se esgotou... Conversaremos noutra oportunidade.

— Estrategicamente, batendo em retirada? Pois bem: Haveremos de feri-lo de qualquer maneira. É através da periferia que a gente chega ao centro... *Tem* peixe grande caindo na rede!

— Não se preocupem com um lambari – um alevino de lambari é o que sou!

— Pare, então, de incomodar os nossos interesses...

— Eu só exponho o que penso...

— Em breve, as suas "caixas de ressonância" se esfacelarão... Você não pode estar aqui e lá, não é mesmo? Isto aqui está crescendo... Ótimo! O que acontece à lavoura que o agricultor não dispõe de tempo para vigiá-la?

— Temos uns "espantalhos" por lá... Agora – reiterei –, se você me permite, chega – preciso trabalhar.

O diálogo com você está abrindo uma perspectiva de trabalho ao meu presente esforço literário para a Terra; se não se incomoda, o transcreverei em parte, suprimindo, é claro, alguns termos que não ficariam bem numa obra mediúnica...

— Com medo da crítica, não é? Se sentindo acuado... Você não era assim! Promissor sinal de fraqueza de sua parte.

— É que muitas senhoras nos leem; em respeito a elas, cujas mentes não devo conspurcar, é que não serei tão fiel quanto gostaria na reprodução desta nossa conversa... Não é por receio de marmanjo, não!

— Estou saindo – redarguiu –, mas a fila é enorme; outros virão... Se pusemos Aquele na cruz, não empalaríamos você? Ora, meça-se sem tanta vaidade!...

— Peço-lhe respeito ao Senhor!

A entidade silenciou, ante as palavras que pronunciei com firmeza.

— De mim, fale o que quiser, pois estou plenamente consciente de minhas fragilidades – sou tudo o que você falou, e muito mais – sou mesmo! Porém, quanto ao Senhor, peço-lhe respeito.

O espírito prosseguia calado, embora induzindo o médium a convulsionar-se na poltrona.

— Agora – tornei a falar –, retire-se, em nome Daquele que nos ama e que, há séculos, nos espera: "Vinde a mim, todos vós que estais aflitos e sobrecarregados, que eu vos aliviarei. Tomai sobre vós o meu jugo e aprendei comigo, que sou brando e humilde de coração, e achareis descanso para as vossas almas, pois é suave o meu jugo e leve o meu fardo".

A entidade, em meio a ruídos ensurdecedores, como se um "poltergeist" ali se potencializasse, ao ponto de, inclusive, fazer vibrar a minha própria mesa, se foi, deixando Altair desfalecido.

— Um copo d'água, Manoel – solicitei ao amigo, que atendeu de imediato, enquanto eu tentava reanimar o médium em estado de prostração. — Acorde, Altair, acorde... Volte a si! – chamava-o com insistência, com a destra espalmada sobre os seus lobos frontais, transmitindo-lhe o passe.

Depois de quase cinco minutos, conseguimos que o paciente se reanimasse, em ânsias de vômito que fizeram com que expelisse uma substância escura e pegajosa.

— Ai!... Ai!... – gemia, procurando respirar.

— Acalme-se, meu irmão – falei, levando-lhe à boca o copo com água. — Beba, pelo menos um pouco. Beba...

Em pequenos goles, com Manoel a ampará-lo pelos ombros, Altair, abrindo os olhos, foi, aos poucos, conseguindo se situar.

— O que houve, Doutor? Tive um ataque epilético? – perguntou, assustado.

— Mais ou menos – respondi, limpando-lhe o rosto suarento com uma toalha e pedindo a Manoel que lhe providenciasse uma camisa.

— Eu sou médium...

— E como! – exclamei, auxiliando-o a trocar a camisa toda suja.

— Nunca quis trabalhar, Doutor. Deve ter virado obsessão, não é?

— Altair, mediunidade não vira isto ou aquilo: o médium é que opta... Mediunidade é fator de equilíbrio, não de perturbação. A gente é que escolhe os "inquilinos" de nossa casa mental...

— Ah, Doutor! Conheci o Espiritismo, mas não dava para conciliar; não sei se compreende...

— Farei força – respondi, dando-lhe uma ajeitada nos cabelos, caminhando, em seguida, para a minha cadeira.

— Eu viajava muito e... Desde pequeno, quando minha avó materna me levou ao centro espírita pela primeira vez, que sei que sou médium; um senhor, creio que médium também, disse a ela que eu precisava frequentar, que eu precisava mais de Espiritismo que de comida... A minha avó desencarnou, eu fiquei moço e...

— Uma história como tantas, que, infelizmente, se repete amiúde. Se todos os médiuns que não querem assumir a mediunidade assumissem... Mundo de provas e expiações, a Terra, até para a mediunidade: quem tem não quer; quem quer não tem...

— Deu tudo errado para mim. Eu era representante comercial – cada semana numa cidade...

— Quase toda cidade tem centro espírita e, depois, nos fins de semana... Melhor que você tivesse sido médium só de fim de semana que de jeito nenhum, não acha?

— Achava que tudo aquilo era a minha cabeça...

— Mediunidade, meu filho, é na "cabeça" mesmo!

— Eu não sabia separar os pensamentos, os meus daqueles que pertenciam aos espíritos...

— Quase nenhum médium sabe!

— Faltou-me esclarecimento...

— Não por falta de livros.

— É verdade! Eu sempre carregava "O Evangelho Segundo o Espiritismo" dentro da mala...

— Dentro da mala, dentro da pasta, no bolso, tanto faz. O Evangelho, fechado, é um livro como os demais – somente aberto, lido e compreendido, ele fará diferença. Você, com certeza, conhece aquela passagem do doutor da lei, que tenta Jesus, perguntando-lhe: "Mestre, que preciso fazer para possuir a vida eterna? – Respondeu-lhe Jesus: Que é o que está escrito na lei? Que é o que lês nela?"

— Conheço, Doutor – confirmou Altair, cabisbaixo.

— A pergunta do Senhor é endereçada a todos os homens, que, de sobejo, já sabemos o que fazer; aquele homem, ainda mais sendo um doutor da lei, não podia alegar desconhecimento da Verdade... Demonstrando, pois, conhecê-la de memória, respondeu: "Amarás o Senhor teu Deus de todo o teu coração, de toda a tua alma, com todas as tuas forças e de todo o teu espírito, e a teu próximo como a ti mesmo". Ao que o Mestre redarguiu: "Respondeste muito bem; faze isso e viverás"!

Após breve pausa, continuei:

— Altair, meu irmão, é só colocar em prática o que a gente já sabe!... Não há, por assim dizer, um grande mistério a ser desvendado, uma grande resposta a ser dada, uma excepcional revelação a ser feita. O que conhecemos, do que estamos informados é mais do que suficiente para entrarmos na posse da "vida eterna"...

— Tive, Doutor, problemas na infância; fui criado sem pai...

— Quem não os terá tido ou quem não os terá? Inibições e traumas são reflexos de nossa imperfeição espiritual; depois, ninguém se defronta com este ou aquele problema, seja de que natureza for, para ser esmagado por ele... Os obstáculos existem para nos fazerem crescer, concorda? A dor, enquanto sobre o homem não age o Amor, não permite que ele se acomode.

— E agora?

— Devolvo-lhe a pergunta: E agora?... Qual o caminho, a alternativa plausível? Responda-me você.

— Recomeçar?! – inquiriu-me inseguro, olhando-me com timidez.

— Qual seria a outra opção? Sim, porque existe uma outra...

— Afundar-me ainda mais! Não, Doutor, pelo amor de Deus, não me deixe...

— Então, ajude-me a ajudá-lo! Sem o seu *querer,* nada posso, ninguém nada poderá a seu favor. Sei disto, acredite, de experiência própria. O que faço nada vale ou não vale nada, como queiram, todavia não há nada que me faça parar de me mover no bem em que creio! Sou uma lesma, mas rastejarei, pegajoso ou asqueroso, à vontade de quem assim me considere, para a frente... Retroceder? Para onde e para quem?...

— Terei uma nova oportunidade?

— Tantas quantas você próprio se conceda! A Lei é de Amor e de Educação.

— Poderei trabalhar aqui, como médium?

— Torno a devolver-lhe a pergunta. O que você acha?

35

Ante o silêncio de Altair, respondi eu mesmo a indagação:

— É evidente que pode, Altair, trabalhar aqui, no Mundo Espiritual, na condição de médium – não há nada que o impeça. Para tanto, porém, é de bom alvitre que, primeiro, você retome o próprio equilíbrio. Qualquer desarranjo de ordem emocional afeta a mediunidade em sua capacidade de produção. O médium carece de estar isento de fortes abalos psicológicos, livre, tanto quanto possível, de influências nocivas que lhe prejudiquem a filtragem.

— Quer dizer então...

— Que lhe convém se submeter a um tratamento, reordenando as idéias e arejando-se do ponto de vista psíquico.

— Por quanto tempo, Doutor?

— Indefinido... Você necessita reaver o controle de suas faculdades, a fim de que não prossiga sendo joguete dos obsessores. Neste sentido, o trabalho e o estudo cooperarão enormemente. Receberá passes que, de maneira temporária, bloquearão a sua possibilidade de sintonia fácil com os pensamentos infelizes que lhe rondam a casa mental... Enfim, recomeçar é sempre mais complexo. Não raro, quando nos perdemos no caminho, torna-se-nos indispensável voltar ao ponto de partida, refazendo, com maior prudência, a trajetória. Por outro lado, é claro que as experiências adquiridas, ainda que a custa de dissabores, não se perderão!

— De quando em quando, Doutor, sinto que o meu pensamento vacila. É como se eu estivesse prestes a perder o domínio sobre mim mesmo... Sensação estranha e desagradável de alguém forçando as portas de meu ser. Compreende?

— Em parte, é o que caracteriza faculdade mediúnica enferma. Ao contrário do que comumente se imagina, a passividade completa, no campo mediúnico, não é interessante àquele que não zela pela sua integridade espiritual. A dúvida, que se coloca à porta de entrada da cidadela psíquica de muitos medianeiros, não é de todo ruim, no que tange à triagem imprescindível da natureza e dos propósitos dos espíritos que deles se aproximam...

— Doutor, eu pensei que, em desencarnando...

— Que tudo fosse se resolver? Este é o maior equívoco de quem deixa a Terra, mesmo dos espíritas que ainda não se aprofundaram no conhecimento das realidades da Vida Espiritual. *Morrer* não significa pular etapas no processo de evolução gradativa; a rigor, o que muda é o peso específico, e, consequentemente, a densidade, do corpo que nos reveste. No mais, o fenômeno da *morte* nada é para o espírito excessivamente humanizado qual ainda nos reconhecemos. O que você, por exemplo, notou de diferente? – perguntei.

— Tenho a impressão de que não saí da Terra! É como se estivesse fazendo um voo de aeronave...

— Quase rasante, não é?

— É...

— Para alguns poucos, desencarnar é como empreender uma viagem em nave interplanetária – veja bem: para alguns poucos! Para outros, um pouco mais numerosos, é embarcar em um avião com autonomia de voo para, digamos, atravessar o oceano e aterrar noutro país. Para esmagadora maioria, porém, é ascender poucos metros do solo, através de um balão inflável, com aquela cesta que transporta os passageiros quase tocando a copa das árvores... Isto sem falar dos que enveredam por túneis subterrâneos, atraídos pela lei da gravidade, segundo não propriamente a massa de seus corpos, mas o peso de suas consciências!

— Os nossos irmãos encarnados precisam saber da verdade – ponderou Altair.

— Muitos de nós temos nos esforçado neste sentido; no entanto, pergunto-lhe: se um espírito lhe dissesse, você estando ainda na carne, que quase tudo por aqui, no Além, é quase absolutamente idêntico... Qual seria a sua reação?

— A princípio, não creria, pois, afinal, todos permanecemos na expectativa de uma vida melhor...

— Merecendo ou não merecendo, não é?

— A gente pressupõe que merece!

— Ah, meu irmão! Quase tudo o que eu pressupunha não vem se confirmando neste Outro Lado. A minha única desconfiança que, infelizmente, se confirmou é que, de fato, eu não era o que aparentava ser...

Altair me olhou longamente e indagou:

— É verdade, Doutor? Tenho a impressão de que o senhor faz tipo... Foi assim com o senhor também?

— Foi, não! Está sendo, a cada dia!... Mas agora – disse-lhe – você precisa se refazer. O Manoel Roberto irá providenciar que se instale em nossas dependências. A menos, é claro, que não queira.

— Querendo ou não querendo, eu preciso, não é?

— É aconselhável – respondi.

Com a aquiescência do paciente, Manoel se aproximou e ofereceu-lhe o braço por escora, posto que, ao levantar-se da poltrona, se mostrara vacilante.

— Você repousará por uns dias, sob a ação de leve medicação. Nos intervalos, frequentará a biblioteca, poderá palestrar com os demais internos do Hospital – com os que se encontrarem no mesmo pavilhão –, visitar o jardim... Depois, veremos em que atividade iremos incluí-lo; mas, por enquanto, nada de mediunidade. Será, para você, um período de saneamento psíquico, pelo menos perifericamente, já que, em profundidade, semelhante providência requisitará um pouco mais de tempo e esforço de sua parte.

— Obrigado, Doutor – disse, humilde, ao se retirar.

— Agradeçamos ao Senhor, meu caro, cuja paciência é inesgotável para com os espíritos recalcitrantes que temos sido.

— Prometo, desta vez, agarrar a oportunidade com unhas e dentes...

— E com alguma coisa mais que você tiver! – brinquei, ao vê-lo, cambaleante, atravessar a porta do consultório em direção à enfermaria.

Confesso-lhes que eu me sentia exaurido; a luta, naquele período da manhã, havia sido grande... Lembrando-me da antiga recomendação de Eurípedes Barsanulfo a mim, através de Modesta, em uma de nossas sessões mediúnicas no Sanatório, acomodei o corpo na poltrona destinada aos pacientes e, enquanto me refazia, entreguei-me à meditação.

Sim, Eurípedes, certa vez, me dissera: — "Inácio, meu filho, não se esqueça de, periodicamente, ocupar você a cadeira reservada a quem se encontra do outro lado de sua mesa: ponha-se, quanto possível, na situação deles, porque tal exercício impedirá que você perca o discernimento e a lucidez, no que se refere à própria necessidade de Jesus no coração! Sem nos exercitarmos constantemente na humildade, correremos o risco de juízo equivocado a nosso respeito, considerando-nos ser o que não seremos até que o Senhor viva plenamente em nós! E, assim, embora devamos nos colocar sempre na condição dos maiores necessitados de seu Infinito Amor e Misericórdia, não olvidemos que o homem recebe o de que carece na medida justa das bênçãos que espalha ao seu derredor!"

Eu era, ou melhor, vivia dentro de mim, pouco ou muito, algo daqueles três pacientes que me haviam visitado naquela manhã: a mãe saudosa dos filhos que deixara na Terra, Policarpo e Altair!... Todavia, por extensão, eu me sentia um pedaço de cada um dos internos do hospital, que fora chamado a tratar, cuidando, com certeza, de mim mesmo. Essa *transposição de lugar* com os semelhantes de qualquer procedência, que o inesquecível apóstolo de Sacramento me aconselhara, me era extremamente benéfica, pois todas as vezes em que me sentia extrapolar, renteando o profundo abismo em que os nossos pruridos de vaidade nos arremessam sem piedade, eu deixava de ser Inácio Ferreira para ser o que, em verdade, todos somos: filhos de Deus unicamente e irmãos uns dos outros!

Ah, quanta tolice e quanta ilusão! Em suma, quanta insanidade no espírito, quando nos supomos seres diferenciados, por conta desta ou daquela bobagem!... O pior marginal está apenas vivenciando uma experiência que, talvez, o homem mais virtuoso tenha vivenciado, um dia. A discriminação, seja de que espécie for, não faz o menor sentido, tampouco o mais insignificante preconceito. Existem leis regendo os passos do espírito em sua trajetória evolutiva; nada nos sucede de maneira aleatória, todavia uma existência física não é mais do que isso: uma existência física! Enquanto não conquistarmos ascendentes de natureza espiritual, viveremos à mercê de certas circunstâncias que nos escapam ao controle... Eu, que, em minha derradeira romagem na carne, fora médico, tenho oportunidade de viver com algum destaque intelectual – vejamos se vocês poderão compreender o que digo! –; poderia, não obstante, inclusive com os meus conhecimentos teóricos da Doutrina, reencarnar em condição obscura, à margem dos valores morais e intelectuais não muito bem alicerçados em mim.

No entanto, desenvolveremos tão controvertido tema em outra oportunidade. Digo-lhes apenas que a minha preocupação concernente a uma futura experiência no corpo somático se prende a condições em que eu possa ter ensejo de aproveitá-la, sedimentando os referidos valores que nos exornam a personalidade e nos influenciam, decisivamente, o destino.

36

Tendo, no outro dia, logo pela manhã, de estar com Odilon no "Liceu da Mediunidade", conforme ficara acertado entre nós, para as comemorações do Sesquicentenário de "O Livro dos Espíritos" (18 de abril de 1857 – 18 de abril de 2007), consultando a referida obra da Codificação, comecei a alinhavar apontamentos, com base no que, no momento, me preocupava.

Atento, quanto possível, ao que se passava na Terra materializada, registrava rumores de um novo ateísmo que vinha se propagando através de alguns representantes da Ciência oficial, homens de notável cultura acadêmica, mas insensíveis às realidades que transcendem a vida na matéria.

— Meu Deus – monologava, enquanto folheava o precioso volume em minha mãos – que lógica pode haver em admitir a Criação sem a existência de um Criador?! Se foi uma "coisa" a causa do Universo, então, essa "coisa" é Deus, não importa a terminologia!

Ultimamente, cientistas de renome, sob sutil inspiração das trevas que, de período a período, em cíclica e histórica movimentação, se arremetem contra os valores da fé, tentavam reduzir o imenso universo dos fenômenos psíquicos ao estreito e caótico mundo das teorias niilistas. Não poderíamos, como não podemos, deixá-los sem resposta. De minha parte, haveria de fazer o possível para contestá-los, a eles que, sistematicamente, vêm desprezando os alvitres do moderno espiritualismo, de que o Espiritismo é, sem dúvida, a expressão mais avançada.

No capítulo VII, de "O Livro dos Espíritos" – Retorno à Vida Corporal –, detive-me a analisar algumas questões do item 4, "Influência do Organismo", propostas por Allan Kardec aos Espíritos Superiores. Se me permitem, tomo a liberdade de transcrever as que destaquei.

"368. As faculdades do espírito se exercem com toda a liberdade, após a sua união com o corpo?

— O exercício das faculdades depende dos órgãos que lhes servem de instrumento; elas são enfraquecidas pela grosseria da matéria."

"369. O livre exercício das faculdades da alma está subordinado ao desenvolvimento dos órgãos?

— Os órgãos são os instrumentos da manifestação das faculdades da alma. Essa manifestação se acha

subordinada ao desenvolvimento e ao grau de perfeição dos respectivos órgãos, como a excelência de um trabalho à excelência da ferramenta." (negritei)

"370. Pode-se induzir, da influência dos órgãos, uma relação entre o desenvolvimento dos órgãos cerebrais e o das faculdades morais e intelectuais?

— ***Não confundais o efeito com a causa. O espírito tem sempre as faculdades que lhe são próprias. Assim, não são os órgãos que lhe dão as faculdades, mas as faculdades que impulsionam o desenvolvimento dos órgãos."*** (negritei)

Consintam-me, ainda, aduzir pequeno trecho do excelente comentário do Codificador: "O espírito, ao reencarnar, traz certas predisposições, e, se admitirmos, para cada uma delas, um órgão correspondente no cérebro, o desenvolvimento desses órgãos será um efeito e não uma causa. Se as faculdades tivessem os seus princípios nos órgãos, o homem seria uma máquina, sem livre-arbítrio e sem a responsabilidade de seus atos".

— Está claro! – exclamei, rascunhando, em seguida, alguns tópicos para oportuna abordagem, sugerindo-os, outrossim, aos diversos espíritos-mensageiros presentes no conclave, para enfoque junto aos medianeiros de que se servem.

— O cérebro é a representação material da mente, que é a essência do ser; ele se estrutura a partir dos pensamentos e, mesmo, das emoções.

— Os corpos que revestem o espírito (corpo material, perispírito, etc.) são, por assim dizer, exteriorização do pensamento.

— Há, no cérebro, pontos correspondentes para todas as emoções e comportamentos humanos; a Ciência imaginará explicar a vida intelectual e moral da criatura com base na bioquímica cerebral.

— O corpo físico é sempre efeito e não causa determinante.

— Alguns espíritos se constrangem a reencarnações cármicas, submetendo-se à herança genética.

— O espírito, sem dúvida, pode se impor à carga hereditária daqueles que lhe são genitores.

— A semelhança física e de aptidões tem por causa a afinidade entre os espíritos, que costumam se agrupar para determinadas tarefas.

— À medida que evolui, o espírito logra gradativa ascendência sobre a matéria.

— O quimismo cerebral é consequência da natureza dos pensamentos.

— Os fenômenos mediúnicos, ditos psíquicos, mormente os de ordem intelectual, se manifestam com o concurso de determinadas áreas do cérebro.

— Há uma predisposição mental e, consequentemente, cerebral, para a mediunidade, embora esta seja pertinente ao espírito e não ao corpo.

— A partir do estudo meticuloso do corpo, pode-se chegar ao espírito, e vice-versa.

— As ciências psicológicas e a religião representam o elo de união para a Ciência entre o abstrato e o concreto, o subjetivo e o objetivo.

— O que é estritamente de natureza física é o universo da irrealidade; o mundo verdadeiro, como apregoava Platão, é o das idéias.

— Espírito e matéria, de fato, estão tão justapostos, que é complexo precisar onde termina um e começa outro.

— Os Espíritos Superiores deixaram claro que são "as faculdades que impulsionam o desenvolvimento dos órgãos", mormente os que lhes servem de veículo de expressão.

— Até os limites da conquista da razão, o ser evoluiu por ação do determinismo da Lei.

— Com a conquista do livre-arbítrio, o ser passou, em todos os sentidos, a evoluir pelo aproveitamento das circunstâncias – daquelas que lhe são naturalmente criadas ou das que ele próprio se enseja.

— Neste Outro Lado, estudar a fisiologia do perispírito ainda não é atinar com a essência do ser, de cujo conhecimento ainda estamos muito distantes.

— Tudo o que existe no Universo é projeção do Pensamento Divino; tudo o que existe sobre a Terra, exceto a Natureza, é projeção do pensamento humano.

— O homem, na condição de cocriador concorre para o aperfeiçoamento da obra da Criação.

— A Ciência, cada vez mais, conseguirá penetrar nos domínios da genética, dando-se a falsa impressão de tudo poder explicar a partir da matéria.

— O corpo se forma no útero materno com os cromossomos obedecendo, consciente ou inconscientemente, aos impulsos da mente reencarnante.

— Os pais, igualmente, através do pensamento e das emoções, notadamente a mãe, concorrem na elaboração, interna e externa, do corpo em formação.

— A matéria, pois, está para o espírito, como a argila está para as mãos do oleiro.

— O crocodilo de 3.000, 5.000 anos atrás é o mesmo crocodilo de hoje; tal premissa, porém, não é válida para o corpo humano, que, evidenciando em si um princípio espiritual inteligente, a cada dia se aprimora.

— A inteligência não é atributo hereditário, portanto não é material; depende de órgãos físicos para se manifestar, mas não para existir.

— Alguns fenômenos mediúnicos de ordem intelectual podem ser simulados a partir de administração de certas drogas que agem no cérebro ou mesmo através de sugestão.

— O espírito – concluí, sintetizando – é tudo!

37

Terminando de rascunhar os temas de estudo, com que participaria, no "Liceu", das solenidades em homenagem aos 150 anos de "O Livro dos Espíritos", dobrei as laudas e guardei-as no jaleco.

Na manhã do dia aprazado, em companhia de Modesta, Manoel Roberto e outros companheiros, fomos saudados, à nossa chegada no instituto dirigido por Odilon, por ele próprio, Paulino (agora sempre acompanhado por Jamile), Domingas, Lilito Chaves e diversos confrades procedentes de núcleos distantes, que tinham vindo se reunir conosco.

— Como vai, Odilon? – perguntei, abraçando o amigo de longa data.

— Aguardávamos, ansiosos, pela chegada de vocês.

— Quantos participantes?

— Mais de dois mil, doutor!

— Que maravilha!... Então, teremos um dia repleto, não é?

— Sem dúvida.

— Irmão José abrirá o conclave? – indagou Modesta.

— Dentro de, exatamente, trinta minutos – confirmou Odilon.

— Convém que nos acomodemos logo, Doutor – observou Domingas, ansiosa, oferecendo o braço a Modesta.

— Você sempre apressada, Domingas? – provoquei a companheira que, há pouco mais de um ano na Vida Espiritual, estava de aspecto excelente.

— Doutor, se lá embaixo eu não perdia uma festividade dessas por nada, aqui é que vou perder?

— Está uns 20 quilos mais magra, não é? – arrisquei.

— 23!...

— O que você fez?

— Foi o túmulo, Doutor! Desencarnar, pelo menos para isto, serve... O excesso fica por lá!

— Não de todo o mundo...

Adentrando o amplo salão, onde imperava certo silêncio, não dava mais para brincar, embora, na verdade, eu estivesse procurando descontrair a mim mesmo.

Acomodamo-nos e, após ligeira prece proferida por Odilon, permanecemos na expectativa da palavra do elevado Mentor, que nos falaria sem qualquer cerimônia, infelizmente, ainda tão a gosto dos que mourejam na carne.

Discreto, no esforço para ali se apresentar tão humanizado quanto nós, Irmão José deu início à sua preleção, que abaixo transcrevo, do que pude reter de seu magnífico conteúdo.

— Que Jesus nos ilumine!

Na abençoada efeméride dos 150 anos do Espiritismo na Terra, revivendo o Evangelho para toda a Humanidade, a palavra de ordem que todo espírita convicto deve dizer a si mesmo, repetindo-a cotidianamente, é "perseverar", pois que o embate que travamos para a definitiva chegada da Nova Era está apenas começando. "Perseverar" não apenas nas atividades doutrinárias em que se encontram empenhados, seja em que campo for de nossas inúmeras frentes de trabalho pela conscientização das criaturas, mas também, e principalmente, na luta que trava consigo mesmo, almejando a própria renovação.

Não haverá maior contributo do espírita idealista à edificação do Reino Divino entre os homens, que o de sua transformação moral, no testemunho solitário da fé, através da vivência dos postulados que abraça!

"Perseverar", pois, na vigilância, para que não torne a reincidir nos equívocos cometidos ao longo dos séculos em que se debatia, entre a descrença e o fanatismo, por mais lucidez espiritual; o que a Doutrina faculta, gradativamente, a todos os que dela se aproximam pelo prisma da fé raciocinada...

"Perseverar" para que as tendências infelizes, ainda fortemente enraizadas na personalidade, não o induzam, uma vez mais, a corromper a consciência, assumindo, assim, mais graves e pesadas responsabilidades do que as já assumidas em pretéritas existências...

"Perseverar" no zelo pela Mensagem que lhe cabe difundir, sem, todavia, exigir dos outros uma coerência que não demonstre em suas atitudes...

"Perseverar" na caridade, no apoio que é devido aos companheiros que se revelam frágeis e hesitantes ou sem aquela visão mais abrangente da Verdade que, ao favorecê-lo, o cumula de maiores obrigações no que tange à tolerância e à união de propósitos...

"Perseverar" no otimismo e no entusiasmo, mesmo que, em seu íntimo, se sinta, por vezes, desfalecer ante a incompreensão daqueles que, por não comungarem com as suas idéias, se lhe fazem excessivamente críticos e contundentes...

"Perseverar" no cumprimento do dever anônimo, imitando os exemplos dos seareiros devotados cujos nomes, se foram esquecidos pelos pósteros, jamais se fizeram olvidados pela Sabedoria Divina, que a cada um concede segundo os seus méritos...

"Perseverar" na simplicidade de coração e na humildade, para que não desfigure em si a pureza dos ensinamentos do Mestre, porque, sem dúvida, a vida do adepto de qualquer escola de fé oriunda do Cristianismo deve se constituir na mais fiel tradução da Boa Nova no mundo...

"Perseverar", à custa de ingentes esforços, no melhor aproveitamento do tempo, disciplinando-se, para que não se transfigure na figueira estéril da Parábola, inapta a servir quando dela se precisa, no intuito de se concretizar este ou aquele benefício em favor de alguém...

"Perseverar" na aquisição de consciência concernente às próprias fragilidades, no combate sem tréguas à vaidade e ao personalismo, que, de modo sorrateiro, a se alastrarem, comprometem a lavoura das boas obras...

"Perseverar", enfim, na resignação diante das provas que, de imediato, não podem ser alteradas em seu teor indispensável ao aprimoramento, mas podem, todavia, ser amenizadas pela aceitação daquele que com elas se defronta!...

O espírita, nos mais diversos setores de suas atividades no mundo, a começar pelas obrigações junto à família consanguínea, que congrega as almas com as quais se encontra diretamente compromissado, poderá, sempre, muito fazer pela Doutrina mais do que simplesmente falar e dedicar-se ao cultivo de seus dons medianímicos.

O lar estruturado no Evangelho do Cristo, neste momento de transição que a Humanidade atravessa no Orbe, de tantos conflitos e lamentável inversão de valores, ao ponto de colocar em risco as conquistas da civilização, assemelha-se a abençoado farol brilhando no meio da tempestade... Enfatizemos aos companheiros na carne a necessidade de perseverarem rente àqueles corações que lhes foram confiados pela Divina Providência, na condição de cônjuges, filhos e netos, não sacrificando a felicidade porvindoura pelos prazeres efêmeros, oriundos das ilusões que passam. Infelizmente, o equilíbrio do lar espírita se encontra colocado, na atualidade, na alça de mira das falanges trevosas, que intentam ridicularizar a Doutrina, a partir das ações incoerentes de seus adeptos que não pensam que a sua responsabilidade para com ela extrapola a sua simples participação em uma agremiação espírita.

De pouco valerá assomar à tribuna, expondo com brilhantismo os nossos princípios de crença, ou desempenhar tarefas de relevância no exercício público da mediunidade, se não nos preocupamos em ser bons!

É natural – prosseguia o Mentor, sereno – que os nossos irmãos clamem ao Alto por novas revelações, esperando que nós outros, presentemente fora do corpo, tomemos tal iniciativa – o homem sempre se esmerou muito mais em conhecer do que em amar! Todavia, poderá haver, no Universo, maior revelação que a do Amor, vivenciado por Jesus em sua luminosa trajetória, apontando à criatura encarnada a *porta de saída* para as Esferas Esplendentes no Infinito? "Conhecereis a Verdade, e a Verdade vos libertará" – disse-nos Ele, o

Divino Mestre. Toda a Verdade, porém, jaz consubstanciada no Amor!

E, praticamente transfigurado, quase a elevar-se do solo, tal a leveza de seu espírito de escol, acrescentou, recordando belíssimo trecho da mensagem de Lázaro, inserida no capítulo XI de "O Evangelho Segundo o Espiritismo":

— "A lei de amor substitui a personalidade pela fusão dos seres; extingue as misérias sociais. Ditoso aquele que, ultrapassando a sua humanidade, ama com amplo amor os seus irmãos em sofrimento! Ditoso aquele que ama, pois não conhece a miséria da alma nem a do corpo. Tem ligeiros os pés e vive como que transportado, fora de si mesmo. Quando Jesus pronunciou a divina palavra – *Amor*, os povos sobressaltaram-se e os mártires, ébrios de esperança, desceram ao circo".

E, concluindo a breve exposição, que a tantas e tantas reflexões nos induzia, resumiu:

— "Perseverar" no amor! – eis, queridos companheiros de Ideal, a nossa singela mensagem à comunidade espírita para os próximos 50 anos, que haverão de ser decisivos para os rumos do Espiritismo no mundo!

38

Quando o Benfeitor terminou sua oportuna alocução, dirigida a nós outros e aos companheiros encarnados, sempre na expectativa de um pronunciamento das Esferas Superiores, nos entregamos à reflexão de suas palavras, assumindo ali mesmo o compromisso de enfatizá-las aos que, presentemente, se encontram em tarefas na Terra.

O Espiritismo, na síntese de Irmão José, só se justifica do ponto de vista histórico e doutrinário porque lhe cabe a revivescência do Evangelho, no momento evolutivo que a Humanidade atravessa; nós, os seus adeptos, somos chamados à sua propagação através da exemplificação, da perseverança na demonstração da excelência de seus postulados, a partir da própria renovação... Não poderíamos, como não podemos recuar da luta, combatendo, acirradamente, as nossas mazelas, que, tantas vezes, abafam em nós a transparência da Mensagem...

Indo ao encontro do venerável Instrutor, cuja conferência dera início ao conclave em comemoração ao Sesquicentenário da Doutrina Espírita, Odilon lhe osculou respeitosamente a destra e, acenando-nos, enquanto se afastava da tribuna, Irmão José posicionou-se ao lado, cedendo vez ao diretor do "Liceu".

— Meus irmãos – fez soar a sua voz agradável aos nossos ouvidos –, o fenômeno, evidentemente, será sempre questionável e inúmeros sofismas poderão ser trazidos à baila, no esforço de explicá-lo, pelos que não ousam erguer os olhos acima da linha do horizonte... A árvore, no entanto, como nos disse Jesus, será conhecida pelos seus frutos.

Em um século e meio de Espiritismo, a mediunidade vem sofrendo persistente ataque das Trevas, no intuito de combater as nítidas evidências da Vida após a morte, que têm sido fornecidas aos nossos irmãos na carne... O materialismo, grande fomentador dos interesses imediatos da criatura, conta com diversos aliados em seus propósitos questionáveis que, por si só, colocam em risco as conquistas morais da civilização.

Uma pergunta, porém, deve ser endereçada à consciência dos que, sistematicamente, procuram combater a Mensagem que do Mundo Espiritual verte para a Terra, à maneira de fonte caudalosa e cristalina: — Como uma doutrina filosófica e de consequências éticas, qual o Espiritismo, poderia se sustentar, ao longo de tantas décadas, se não se apoiasse em bases lógicas e inamovíveis? E, desta questão central, outras, é claro, podem ser formuladas aos que insistem em atingi-lo, ridicularizando-o através da mediunidade, o ponto que lhe elegeram por vulnerável, já que os nossos irmãos médiuns, como é natural, se mostram tão suscetíveis às imperfeições de que ainda não nos despojamos.

O médium, qual acontece a nós, que, ou mais cedo ou mais tarde, retornaremos à liça na paisagem terrestre, não é oráculo infalível, nem tampouco intérprete absolutamente exato dos comunicados originários de outras dimensões. Mesmo entre nós, os desencarnados, os sensitivos operam dentro da relatividade que os caracteriza, ou melhor, que nos caracteriza a todos, de vez que o medianeiro, de certo modo, simboliza a convergência de nossas aquisições psíquicas, centralizando, ainda, os anseios que nos atendem os caprichos e interesses de ordem pessoal.

Mas – indaguemos – como uma Doutrina que, desde o seu surgimento, vem enfrentando tantos obstáculos que as mentes mais exigentes do mundo científico lhe interpõem no caminho, poderia ter chegado aonde chegou, se não se vinculasse à essência da Verdade?

Como estaria trabalhando nas bases, arrostando preconceitos de toda ordem, promovendo, em silêncio, a reforma social tão almejada, induzindo-nos, para tanto, à indispensável renovação, se não fosse ela de origem divina?

Como os nossos irmãos médiuns, seres frágeis em maioria, que arcam com pesadas consequências do pretérito delituoso, persistiriam na tarefa, em que não contam nem mesmo com a compreensão dos próprios familiares, se uma força invisível não os compelisse a continuar servindo?

Poderiam a mentira e a ilusão, o fanatismo e o desequilíbrio algo inspirarem de positivo e duradouro a alguém, como tantos se sentiram e se sentem inspirados na consecução das boas obras?

A fraude e o embuste sempre se traem a si mesmos!

Os frutos que o Espiritismo tem produzido, em tornando os homens melhores cristãos ou, pelo menos, fazendo-os se considerarem mais responsáveis, diante da Vida e dos semelhantes, falam, em alto e bom som, da qualidade das sementes que espalha.

Por outro lado, é previsível que o joio se alastre, ameaçando a lavoura... Em todos os tempos, sempre foi assim! Ainda fazemos parte de um mundo de expiações e provas, onde as trevas se infiltram em todas as iniciativas sérias, e, neste sentido, quanto mais séria, maior, por parte de seus representantes, é a ânsia de distorção dos valores que se procuram destacar.

Na atualidade, excetuando-se a política, onde as vitórias lhe são mais fáceis e rápidas de obter, nenhuma outra instituição vem monopolizando entre os homens a sanha das Trevas quanto a Doutrina Espírita, um dos mais avançados segmentos do conhecimento espiritual no mundo, de todos os tempos!

Não obstante, acreditem, o alvo não é tanto a Doutrina em si e não são tanto os médiuns que se esmeram a serviço da Causa: o alvo é Jesus Cristo! Como, porém, não logram atingi-lo de maneira direta, investem contra o seu Pensamento, de que o Espiritismo se faz legítimo representante e guardião.

Nenhum de nós é tão importante assim para o Mundo Espiritual inferior, senão pelo que representamos à frente de nossos compromissos doutrinários! *Eles* não nos querem – querem, na Doutrina, desvirtuar, mais uma vez, o Pensamento Cristão qual, infelizmente, lograram fazer do terceiro século do Cristianismo na Terra aos dias atuais!

Não resistamos, pois, por nós mesmos, meus irmãos! Além de nossos interesses transitórios e passageiros, vige um interesse maior, que nos cabe defender, preservando o futuro da Humanidade. Sob o pretexto de cumprir o dever que nos cabe, em nosso estreitíssimo círculo de ação, estamos dando cumprimento a Desígnios de ordem superior, que se valem de nossa boa vontade e de nossos bons sentimentos, em formação, para a construção do Reino Divino sobre a face da Terra!

Não busquemos em nossas atividades doutrinárias apenas e tão-somente a realização de nós mesmos... Não é a nossa causa que se encontra em questão, mas a Causa do Cristo!

Calemos, assim, tanto quanto possível, as nossas discórdias e desavenças, unindo-nos para servir Àquele que é a luz de nossas vidas. A Ele sacrifiquemos o personalismo e o melindre, o orgulho e a vaidade, a ambição e o ciúme... Eis, na hora que passa, os nossos postes de martírio! Não mais a morte do corpo, no testemunho cruel nos circos, ante os aplausos da multidão desvairada; agora, a imolação, no testemunho a que somos convocados, é voluntária no madeiro invisível de nossos padecimentos íntimos no campo da autossuperação...

A imagem de Odilon desaparecera diante de meus olhos, como se, por intermédio de suas faculdades, uma entidade de luz intentasse se materializar, a ele se sobrepondo.

De semblante feliz, Irmão José observava, sereno, o fenômeno que nos arrancava lágrimas de emoção.

A luz, que fora num crescendo, diminuiu, então, de intensidade, e o Mentor, que eu jamais presenciara em transfiguração semelhante, tornou a falar.

— Meus irmãos, a mediunidade, em si, depende da vida mental do medianeiro. Para que sejamos melhores intérpretes da Imortalidade, carecemos de maior renúncia ao que ainda somos no universo de nossos pensamentos e emoções. Consintamos que o Senhor nos controle o espírito, cedendo a Ele mais espaço e tempo do que habitualmente lhe cedemos!

Da mediunidade com Jesus esperam-se melhores frutos sobre a Terra.

De uma maneira geral, dentro do convencionalismo e dos escusos propósitos em que se movimentam, os nossos irmãos consagrados a outras escolas de fé e ao exclusivo cultivo das verdades científicas não sabem ou não querem separar o que é pertinente ao médium – à sua condição humana – do que é pertinente ao espírito... Por este motivo, somos igualmente responsáveis pelos equívocos de interpretação a que nos induzamos. O sedento, que recorre aos préstimos da fonte, não quer saber de sua história, mas da água imaculada que, segundo imagina, é obrigada a lhe oferecer aos lábios ressequidos... Se o líquido que lhe estende é impuro, ele simplesmente a maldiz, sem sequer aventar a hipótese de que pode ter sido ele mesmo a lhe poluir o seio.

Os homens clamam por mais mediunidade na Terra e por maior autenticidade do fenômeno, olvidando que, durante séculos, praticamente durante toda a Idade Média, os médiuns foram sumariamente condenados à morte! Mediunidade requer cultivo isolado e coletivo... O psiquismo do medianeiro não reflete tão-somente o mundo psíquico dos desencarnados!

Disciplinado, constatando que o tempo que lhe houvera sido reservado na manhã se esgotara, Odilon silenciou, deixando-nos imersos em profundo e significativo silêncio.

39

Após a palavra lúcida de Odilon, ainda no período da manhã, Maria Modesto Cravo, a nossa Modesta, notável medianeira com quem tive oportunidade de conviver em nossas lides doutrinárias, foi chamada a depoimento pessoal, no campo prático da mediunidade.

Sem qualquer formalidade, a querida irmã assomou à improvisada tribuna e começou a falar em tom coloquial.

— Queridos irmãos e irmãs, o Senhor seja louvado!

Desculpem-me a inabilidade com as palavras; todavia eu não poderia me furtar ao convite gentil que me foi endereçado pelos organizadores do evento.

O que posso, afinal, lhes dizer? Que a Doutrina Espírita, em nossas vidas, é um caso de amor para sempre!

Pela única vez em todo o conclave, espontaneamente, a plateia aplaudiu.

— Assim, vocês me deixam encabulada – brincou, Modesta, olhando-me de modo proposital. — Eu não mais consigo pensar diferente; nunca mais, eternidade afora, quero deixar de ser espírita e, se possível, médium... Rogo a Jesus que me conceda essa bênção e que me ajude a tornar-me digna dela.

Sinceramente, se, de um instante para outro, eu me visse privada de minha condição de espírita, não saberia o que fazer! Eu não mais concebo a Vida fora da lógica que o Espiritismo nos ensina... É a única coisa que temo, ao reencarnar – futuramente, é claro: renascer e, por um motivo ou outro, me distanciar da Doutrina! Eu não sei de minhas provas e é possível que quase ninguém saiba das suas. Conto, porém, com a Misericórdia Divina. Se eu não tiver méritos – creio que não os terei! – para renascer em um lar espírita, que, pelo menos, me possibilite a oportunidade de conhecê-la, nem que seja, de novo, através da obsessão, como me ocorreu, quando fui conduzida à presença de Eurípedes Barsanulfo, em Sacramento. Graças à perturbação espiritual que me acometeu é que me aproximei do Espiritismo e nele, finalmente, encontrei Jesus. Quantos séculos, meu Deus, quantos séculos de escuridão e desatino!...

Doravante, quero o Senhor a me dirigir os passos... Em tudo quanto faça, quero estar com Ele! Ah, como é difícil verificar, em nós, o contraste que existe – quando me sinto entre a luz por que anseio e as trevas em que me demoro! — Senhor, não me deixes, peço-Te, entregue a mim mesma; nunca mais quero decidir por mim os meus caminhos!... Tange-me, de mansinho, para o Teu aprisco, como o tens feito com as almas rebeldes e recalcitrantes qual a minha!...

(O ambiente era de tal leveza que, do Alto, choveram pétalas de rosas, bordadas em orvalho, que se dissolviam, espalhando indefinível fragrância, quando nos tocavam a fronte. Eu, Domingas, Paulino, Jamile, Lilito Chaves, Manoel Roberto, Sebastião Carmelita e outros chorávamos de emoção – o meu surrado lenço, que mais parecia um lençol que trazia ao bolso do jaleco, estava encharcado.)

— Irmãos e irmãs, esta Doutrina tão jovem necessita tanto de nós! Estamos, falando de mim, infinitamente distantes do idealismo dos primitivos cristãos, que levaram adiante a Mensagem do Senhor... Eu não possuo a qualidade deles e a determinação com que a tudo renunciaram por amor ao Evangelho. Ah, como as minhas forças se revelam escassas!... Todavia, qual nos exortou o nosso caro Irmão José, carecemos de perseverar, comprometendo-nos, imperfeitamente embora, a servir o Senhor – e só a Ele! –, em tudo quanto formos chamados a fazer nos dias do presente e do futuro... Em qualquer campo de nossas atividades, aqui ou na Terra, mesmo nas que não nos sejam de interesse substancial ao espírito imortal, submetamo-nos a Ele, desempenhando-as para exaltar-lhe o Nome! Ser espírita e médium em tudo quanto faça é a minha maior aspiração e creio que não possa conceber nenhuma outra que a supere.

Foi no exercício de minhas limitadas possibilidades mediúnicas, que eu despertei para o amor aos semelhantes, porquanto, todos os dias, a mediunidade me induzia a procurar uma maneira de ser útil... Os Amigos Espirituais que se dignavam entrar em contato comigo, em toda palavra deles, por mais erudita no campo da filosofia e da revelação, culminavam com orientações que me punham em contato com o sofrimento alheio. Sinceramente, eu não concebo Mediunidade rimando com outra palavra, que não seja a palavra *Caridade!* Também, tendo Eurípedes, primeiro, e Chico Xavier, depois, como mestres, não vejo como poderia ser diferente. — Inácio, meu amigo – falou, voltando-se para mim, que já me encontrava afundado na poltrona –, a nossa responsabilidade é grande! Você já pensou o que representa termos sido contemporâneos de Eurípedes Barsanulfo e Chico Xavier? Por este motivo, muita gente fica sem compreender a nossa dupla aflição, que é fruto de uma responsabilidade dobrada, não é?

Quando, Inácio, eu me ponho a pensar nos companheiros de escol com os quais tivemos oportunidade de conviver, no corpo e, pelos canais da mediunidade, fora dele, sinto-me envergonhada do tão pouco ou do quase nada que fiz. A Doutrina tem beneficiado mais a nós, que nós a ela! Somos usurpadores da luz! Auferimos lucros para a nossa vida que não devolvemos aos cofres da Divina Providência... Tantos nos inspiram – e quantos inspiramos? Tantos, com os seus exemplos, não deixaram que nos afastássemos do caminho – a quantos temos apontado a direção correta? Tantos nos aceitaram como éramos – a quantos temos ensinado a servir como são? Tantos nos locupletaram de bênçãos – a quantos nada possuímos para ofertar em nossos corações vazios?

Irmãos e irmãs, peço sempre em minhas orações para que o Senhor me auxilie a conciliar as provas que me são indispensáveis ao progresso espiritual – as minhas provas pessoais, intransferíveis – com o dever que me cabe em relação à Doutrina; pois, conforme lhes disse, o meu receio maior é que os meus compromissos cármicos me impeçam de extrapolar o âmbito de minhas carências individuais, segundo as requisições da Lei de Causa e Efeito. Para mim, hoje – e creio que para nós também –, não haveria maior punição do que me sentir constrangida ao menor afastamento da seara de luz da Doutrina! Se tal acontecesse, o que haveria de fazer de mim mesma? O risco de mais graves comprometimentos seria muito grande para mim, que, em tantas existências, andei perdida do foco de nossas vidas – Jesus Cristo! — Não, Senhor, agora que Te encontrei, no Espiritismo

Cristão, não quero mais me apartar de Ti!... Longe de Ti, são ásperos os caminhos, que se fazem repletos de estranhos e perigosos atalhos... Faze-me retroceder, sempre que ouse um passo em falso na senda que nos traçaste!

Modesta, em semitranse, praticamente tinha os pés suspensos do solo, arrebatada pela inspiração que a possuía.

Inclinando a cabeça para baixo, como em atitude de reverência a invisível entidade aos nossos olhos, concluiu:

— Todos, pois, reverenciando a memória do Codificador, o insigne Allan Kardec, em nosso amor à Verdade, carecemos de mais amor à Doutrina, para que possamos levar adiante, a toda Humanidade, as bênçãos que ela nos tem prodigalizado a mancheias. Os outros irmãos na carne talvez não entendam, qual é provável que não viéssemos entender, caso ainda estivéssemos na Terra, que o trabalho do Espiritismo é abrangente, estendendo-se às nossas Esferas de atuação e continuando para além delas, em movimento crescente e ascensional; a Terceira Revelação, em seu dinamismo, ergue-nos, a pouco e pouco, o véu do Conhecimento Pleno que nela se consubstancia – o Espiritismo, em seus fundamentos, é o mesmo para todas as humanidades do Universo, nos Planos Físico e Extra-físicos existentes. Apenas e tão-somente o Evangelho – Palavras de Vida Eterna – encerra a Verdade que não se atualiza! Em seus aspectos filosófico e científico, todavia, a Doutrina necessita avançar todos os dias, escoimando-se, porém, de nossas imperfeições e interesses, pois, infelizmente, ainda não perdemos o hábito de distorcer a Verdade segundo as nossas conveniências. Uma existência no corpo somático (enfatizemos semelhante realidade aos nossos irmãos presentemente encarnados) passa célere, no entanto, é mais que suficiente para que venhamos a nos comprometer em futuras experiências reencarnatórias. Toda prudência e vigilância, de nossa parte, são indispensáveis, no sentido de que não sejamos nós mesmos, como temos sido, os maiores opositores da crença que professamos, e isto quase sem perceber... Rotulamos os outros como serviçais das Trevas, quando, pelo nosso comportamento incoerente e antifraterno, somos nós que nos erigimos em causa de cisão e desavença que, se não nos faz retroceder, nos impede de avançar com o estandarte de luz às mãos.

Irmãos e irmãs – solicitou a companheira, humilde –, perdoem-me, se me excedi ou se, em algum trecho de minha palavra despretensiosa, lhes pareci piegas... Creiam que lhes falei de coração!

Deixando-nos sob forte comoção, antes de se retirar, Modesta dirigiu-se ao venerável Irmão José, que, colocando-se de pé para abraçá-la, recebeu dela, em sua destra, espontâneo ósculo de carinho e gratidão, que retribuiu com a sua grandeza de espírito.

Após pequeno intervalo, as atividades seriam retomadas no período vespertino.

40

A quem interessar possa, devo ainda esclarecer que o conclave no "Liceu", em comemoração aos 150 anos de "O Livro dos Espíritos", estava, todo ele, sendo registrado em moderna aparelhagem de vídeo, com farto material de estudo a ser enviado, graciosamente, a outros núcleos do Espiritismo Cristão, em atividade entre nós.

Na programação da tarde, iniciada com breve exposição de nossa parte de que lhes dei notícias, páginas atrás, vários estagiários do "Liceu" apresentaram trabalhos alusivos à mediunidade, em rápidas abordagens de 15 a 20 minutos na palavra de cada um.

Depois, antecedendo o desfecho do conclave, três grupos de jovens sucederam-se em cativantes números de música, mostrando afinação e canções de excelente conteúdo.

O poeta Eurícledes Formiga, companheiro que vem se esmerando na divulgação da mensagem espírita através de seus versos inspirados, brindou-nos com belíssimo poema, de sua autoria, que, abaixo, transcrevemos:

"Século e Meio de Luz

Salve "O Livro dos Espíritos"
Em seu Sesquicentenário,
De que foi Allan Kardec
Valoroso Missionário.

150 anos
De Espiritismo em ação,
A reviver o Evangelho,
Unindo fé e razão.

Uma Doutrina tão jovem –
Século e meio de luz! –,
Com futuro promissor
Sob as bênçãos de Jesus.

Consolador Prometido
Que o Mestre enviou à Terra,
E há de ficar, para sempre,
Na Mensagem que descerra...

As Vozes do Mais Além,
Que são "virtudes do Céu",
Da morte, o grande mistério,
Ergueram o denso véu...

Descortinou-se o cenário
Do Mundo Espiritual,
Com aqueles que não morreram
Louvando a Vida Imortal!

Salve "O Livro dos Espíritos",
Que nos conforta e liberta
E, de sono milenar,
As consciências desperta!

Salve "O Livro dos Espíritos"
Em labor, almo e fecundo,
Da França para o Brasil
E do Brasil, para o mundo!..."

Foi, verdadeiramente, uma apoteose, com o meu comentário à querida Domingas, ao lado: — Esta é a verdadeira Reunião Lítero-Músico-Doutrinária!

— Doutor, com o ingrediente da fraternidade – redarguiu feliz, não cabendo em si de contentamento.

— Agora, meus irmãos – disse Odilon, antes do encerramento daquela que seria uma das muitas reuniões que promoveríamos em torno da efeméride que nos é tão grata –, convidamos à palavra a caçula dos que, ultimamente, têm se juntado a nós, em nosso esforço de trabalho deste Outro Lado da Vida. Chamamos a nossa irmã Maria Rodrigues Salvador, a nossa Domingas.

— Eu?! – indagou a confreira, surpresa.

— É você – respondi, incentivando-a. — Não há outra Domingas *morta* recentemente por aqui... Vamos, não se amedronte!

Acompanhada por Modesta até às proximidades da discreta tribuna, Domingas, muito bem trajada, com um vestido estampado a seu gosto e um colar de pérolas cor-de-rosa, começou a falar-nos com extrema simplicidade.

— Mesmo as minhas palestras de encomenda costumam ser desastrosas; agora vocês imaginem o que, de improviso, pode sair de minha boca... O Dr. Odilon é mesmo muito caridoso, para não dizer corajoso. Marquem no relógio; prometo não me exceder no tempo, pois o que tinha para ser dito já foi e com muita propriedade.

Vocês sabem – os que me conheceram, sabem – que, quando encarnada, não tive condições de estudar muito: perdi muito tempo com bobagens... Quando mais jovem, eu vivia apaixonada por um soldado, que foi meu marido, e... não pensava em outra coisa. Nunca fui afeita à leitura, e, se acabei tomando gosto por livros, isto também devo ao Espiritismo – e ao Dr. Odilon que, na Casa do Cinza, onde nos orientava, marcava lições para que estudássemos em casa... É, a gente tinha que estudar, em tarefas marcadas por ele, "O Livro dos Espíritos", "O Livro dos Médiuns" e "O Evangelho Segundo o Espiritismo", principalmente. Assim, passei tanto a me fascinar por livros que, sendo uma médium quase analfabeta, antes de desencarnar, me atrevi a escrever alguma coisa... Coitado do Prof. Fausto De Vito, na revisão! Quando os originais voltavam para mim, estavam todos coloridos de vermelho!...

Bem, mas não é exatamente sobre isto que quero falar a vocês... O meu maior sonho, ainda que depois de *morta,* era poder estudar; não apenas Espiritismo, é claro – Espiritismo a gente não para de estudar nunca! Eu queria estudar tudo, com a visão espírita da Vida. É o que, felizmente, estou podendo fazer. Estou dividindo o meu tempo diário em quatro partes iguais: estudo e trabalho, trabalho e estudo! Devagar, estou, espiritualmente, me alfabetizando. Frequento o "Liceu", o Hospital dirigido pelo nosso caro Dr. Inácio, do qual sou freguesa...

O pessoal sorriu.

— ...com muita honra para mim! Continuo vinculada a várias atividades junto à Crosta e, nas horas, ou melhor, nos minutos vagos, frequento bibliotecas – eu devo ter tocado fogo à de Alexandria! Ainda não sei ao certo, mas tenho quase certeza.

Eu não imaginava – sinceramente, não! – que fosse encontrar por aqui, à minha disposição, os clássicos da literatura mundial, acrescidos de outros volumes, interessantíssimos, desconhecidos dos homens; na minha ignorância, eu pensava que tais livros fossem gerados por lá mesmo, na Terra...

Presentemente, dentre os volumes que examino, além, é óbvio, dos clássicos da Doutrina – alguns deles estou tendo nas mãos pela primeira vez –, pediria o consentimento de vocês para repetir algo que muito me impressionou em "O Livro Tibetano dos Mortos". Espero que, ao citá-lo, eu não esteja sendo antidoutrinária, não é? Vamos lá.

"Onde quer que eu nasça, ali e então,
que eu encontre os Conquistadores, as Divindades Pacíficas e Iradas;
Sendo capaz de andar e falar tão logo [houver] nascido,
Que eu obtenha um intelecto não-esquecediço
e relembre minha vida [ou vidas] passada.

Nas diversas ciências, grandes, pequenas e médias,
Que eu possa obter maestria simplesmente após ouvir, refletir e ver;
Em qualquer lugar que eu nascer, que ele seja afortunado;
Que todos os seres sensíveis sejam dotados de felicidade."

Está implícita na asserção, ao lado do significado do Conhecimento, a importância de saber amar. O Conhecimento, por si só, é perigosa concessão do espírito, e, sinceramente, não é o que almejo. Entre saber amar e amar o saber, fico com a primeira condição. Prefiro ser sábia na minha ignorância do que ignorante na minha sabedoria! Vejam, já estou até filosofando... Os meus amigos e as minhas amigas certamente não me reconhecerão – aquela Domingas bronca e despachada, sem evasivas, que ia mais do que direto ao assunto.

Era só o que eu tinha para dizer. Não nos esqueçamos da recomendação do Espírito da Verdade: "Espíritas! amai-vos, este o primeiro ensinamento; instruí-vos, este o segundo"! Eu não entendo Espiritismo sem fraternidade, amor, união, alegria. Nestes 150 anos de Doutrina, o saldo nos é positivo, sem dúvida, mas, daqui em diante, é que o nosso real aproveitamento de sua mensagem começará a transparecer em nós, através de nossas atitudes de uns para com os outros!...

Domingas fora sucinta em seu pronunciamento, mas extremamente precisa em suas colocações. Em clima de descontração introspectiva, o simpósio estava sendo encerrado, com os companheiros presentes se cumprimentando reciprocamente e esquematizando planos de trabalho para o futuro que começava ali.

Conheça outras obras do mesmo autor:

- ♦ SOB AS CINZAS DO TEMPO (DIDIER)
- ♦ DO OUTRO LADO DO ESPELHO (DIDIER)
- ♦ NA PRÓXIMA DIMENSÃO (LEEPP)
- ♦ INFINITAS MORADAS (LEEPP)
- ♦ A ESCADA DE JACÓ (LEEPP)
- ♦ FALA, DR. INÁCIO (LEEPP)
- ♦ POR AMOR AO IDEAL (DIDIER)
- ♦ FUNDAÇÃO EMMANUEL (LEEPP)
- ♦ NO LIMIAR DO ABISMO (LEEPP)
- ♦ OBSESSÃO E CURA (DIDIER)
- ♦ CARTAS DO DR. INÁCIO AOS ESPÍRITAS (LEEPP)
- ♦ REENCARNAÇÃO NO MUNDO ESPIRITUAL (LEEPP)

E-mail: edvitoria@mednet.com.br

AV. CEL. JOAQUIM DE OLIVEIRA PRATA, 668
FONES (34) 3336-5155 / 3336-6588
B. BOM RETIRO . CEP 38022-290 . UBERABA-MG